卞尺丹几乙し丹卞と

Translated Language Learning

The Fisherman and his Soul

Рыбак и его душа

Oscar Wilde

English / Русский

Copyright © 2023 Tranzlaty
All rights reserved.
Published by Tranzlaty
ISBN: 978-1-83566-053-9
Original text by Oscar Wilde
The Fisherman and his Soul
First published in English in 1891
www.tranzlaty.com

The Mermaid
Русалка

Every evening the young Fisherman went out to sea
Каждый вечер юный Рыбак выходил в море
and the young Fisherman threw his nets into the water
и молодой Рыбак бросил свои сети в воду
When the wind blew from the land he caught nothing
Когда ветер подул с земли, он ничего не поймал
or he caught just a few fish at best
Или поймал в лучшем случае всего несколько рыб
because it was a bitter and black-winged wind
потому что это был горький и чернокрылый ветер
rough waves rose up to meet the wind from the land
Бурные волны поднимались навстречу ветру с суши
But at other times the wind blew to the shore
Но в другое время ветер дул на берег
and then the fishes came in from the deep
А потом из глубины приплыли рыбы
the fishes swam into the meshes of his nets
Рыбы заплыли в ячеи его сетей
and he took the fish to the market-place
И он отнес рыбу на базарную площадь
and he sold all the fishes that he had caught
И продал всю рыбу, которую поймал

but there was one special evening
Но был один особенный вечер
the Fisherman's net was heavier than normal
Рыбацкая сеть была тяжелее обычной
he could hardly pull his net onto the boat
Он с трудом натягивал сеть на лодку
The Fisherman laughed to himself
Рыбак рассмеялся про себя
"Surely, I have caught all the fish that swim"
«Конечно, я поймал всех рыб, которые плавают»

"or I have snared some horrible monster"
"или я поймал в ловушку какое-то ужасное чудовище"
"a monster that will be a marvel to men"
«Чудовище, которое станет чудом для людей»
"or it will be a thing of horror"
"Или это будет ужасная вещь"
"a beast that the great Queen will desire"
«зверь, которого пожелает великая королева»
With all his strength he tugged at the coarse ropes
Изо всех сил он дергал за грубые веревки
he pulled until the long veins rose up on his arms
Он тянул до тех пор, пока на его руках не поднялись длинные вены
like lines of blue enamel round a vase of bronze
Как линии голубой эмали вокруг бронзовой вазы
He tugged at the thin ropes of his nets
Он дернул за тонкие веревки своих сетей
and at last the net rose to the top of the water
Наконец сеть поднялась на поверхность воды
But there were no fish in his net
Но в его сетях не было рыбы
nor was there a monster or thing of horror
Не было ни монстра, ни чего-то ужасного
there was only a little Mermaid
была только маленькая Русалочка
she was lying fast asleep in his net
Она крепко спала в его сети
Her hair was like a wet foil of gold
Ее волосы были похожи на мокрую золотую фольгу
like golden flakes in a glass of water
как золотые хлопья в стакане воды
Her little body was as white ivory
Ее маленькое тельце было как белая слоновая кость
and her tail was made of silver and pearl
и хвост ее был сделан из серебра и жемчуга
and the green weeds of the sea coiled round her tail

И зеленые водоросли моря обвивались вокруг ее хвоста.
and like sea-shells were her ears
И как ракушки у нее были уши
and her lips were like sea-coral
и губы ее были как морской коралл
The cold waves dashed over her cold breasts
Холодные волны накатывали на ее холодные груди
and the salt glistened upon her eyelids
и соль блестела на ее веках
She was so beautiful that the he was filled with wonder
Она была так прекрасна, что он был полон удивления
he pulled the net closer to the boat
Он подтянул сеть ближе к лодке
leaning over the side, he clasped her in his arms
Перегнувшись через борт, он обнял ее
She woke, and looked at him in terror
Она проснулась и в ужасе посмотрела на него
When he touched her she gave a cry
Когда он прикоснулся к ней, она вскрикнула
she cried out like a startled sea-gull
Она закричала, как испуганная чайка
she looked at him with her mauve-amethyst eyes
Она посмотрела на него своими лилово-аметистовыми глазами
and she struggled so that she might escape
И она боролась, чтобы спастись
But he held her tightly to him
Но он крепко прижал ее к себе
and he did not allow her to depart
И он не позволил ей уйти
She wept when she saw she couldn't escape
Она заплакала, когда увидела, что не может убежать
"I pray thee, let me go"
«Умоляю тебя, отпусти меня»
"I am the only daughter of a King"
«Я единственная дочь короля»

"please, my father is aged and alone"
«Пожалуйста, мой отец стар и одинок»
But the young Fisherman would not let her go
Но молодой Рыбак не отпускал ее
"I will not let thee go unless you make me a promise"
«Я не отпущу тебя, если ты не дашь мне обещания»
"whenever I call thee thou wilt come and sing to me"
"Всякий раз, когда Я позову тебя, ты придешь и споешь мне"
"because your song delights the fishes"
«Потому что твоя песня радует рыб»
"they come to listen to the song of the Sea-folk"
«Они приходят послушать песню Морского Народа»
"and then my nets shall be full"
"И тогда сети Мои будут полны"
the little mermaid saw that she had no choice
Русалочка поняла, что у нее нет выбора
"Would thou truly let me go if I promise this?"
— Неужели ты действительно отпустишь меня, если я пообещаю это?
"In very truth I will let thee go," he premised
«Воистину, я отпущу тебя», — сказал он
So she made him the promise he desired
И она дала ему обещание, которого он желал
and she swore to do it by the oath of the Sea-folk
и она поклялась сделать это клятвой Морского Народа
the young Fisherman loosened his arms from the mermaid
молодой Рыбак освободил руки от русалки
the little mermaid sank back down into the water
Русалочка снова погрузилась в воду
and she trembled with a strange kind of fear
И она дрожала от какого-то странного страха

Every evening the young Fisherman went out upon the sea
Каждый вечер молодой Рыбак выходил в море
and every evening he called out to the mermaid

И каждый вечер он звал русалку
the mermaid rose out of the water and sang to him
Русалка вынырнула из воды и запела ему
Round and round her swam the dolphins
Вокруг нее плавали дельфины
and the wild gulls flew above her head
И дикие чайки летали над ее головой
she sang a marvellous song of the Sea-folk
она пела чудесную песню морского народа
mermen who drive their flocks from cave to cave
Русалки, которые перегоняют свои стада из пещеры в пещеру
mermen who carry the little calves on their shoulders
Русалки, которые носят маленьких телят на плечах
she sang of the Tritons who have long green beards
она пела о тритонах с длинными зелеными бородами
and she sang of the Triton's hairy chests
и она пела о волосатых грудях Тритона
they blow through twisted conchs when the King passes
они дуют сквозь скрученные раковины, когда король проходит мимо,
she sang of the palace of the King
она пела о дворце короля
the palace which is made entirely of amber
дворец, который полностью сделан из янтаря
the palace has a roof of clear emerald
Крыша дворца из прозрачного изумруда
and it has a pavement of bright pearl
И у него есть мостовая из яркого жемчуга
and she sang of the gardens of the sea
И пела она о садах морских,
gardens where great fans of coral wave all day long
Сады, где большие любители кораллов волнуют весь день
and fish dart about like silver birds
И рыбы мечутся, как серебряные птицы
and the anemones cling to the rocks

и актинии цепляются за скалы
She sang of the big whales that come from the north
Она пела о больших китах, приплывающих с севера
they have sharp icicles hanging from their fins
С плавников у них свисают острые сосульки
she sang of the Sirens who tell of wonderful things
она пела о сиренах, которые рассказывают о чудесных вещах
so wonderful that merchants block their ears with wax
Так чудесно, что купцы затыкают уши воском,
they block their ears so that they can not hear them
Они затыкают уши, чтобы их не слышать
because if they heard them they would leap into the water
потому что, услышав их, они бросились бы в воду
and they would be drowned in the sea
и они утонут в море
she sang of the sunken galleys with their tall masts
Она пела о затонувших галерах с их высокими мачтами
she sang of the frozen sailors clinging to the rigging
Она пела о замерзших матросах, цепляющихся за такелаж
she sang the mackerel swimming through shipwrecks
Она пела «Скумбрия», плывущая среди затонувших кораблей
she sang of the little barnacles travelling the world
Она пела о маленьких ракушках, путешествующих по миру
the barnacles cling to the keels of the ships
ракушки цепляются за кили кораблей
and the ships go round and round the world
И корабли ходят по кругу и вокруг света
and she sang of the cuttlefish in the sides of the cliffs
И она пела о каракатицах на склонах скал
and they stretch out their long black arms
И они протягивают свои длинные черные руки
they can make night come when they will it

Они могут сделать так, чтобы ночь наступила, когда они этого захотят.
She sang of the nautilus, who has a boat of her own
Она пела о наутилусе, у которого есть своя лодка
a boat that is carved out of an opal
Лодка, вырезанная из опала
and the boat is steered with a silken sail
а лодка управляется шелковым парусом
she sang of the happy Mermen who play upon harps
она пела о счастливых русалках, играющих на арфах
they can charm the great Kraken to sleep
они могут заколдовать великого Кракена и усыпить
she sang of the little children riding the porpoises
Она пела о маленьких детях, катающихся на морских свиньях
the little children laugh as the ride the porpoises
Маленькие дети смеются, когда катаются морские свиньи
she sang of the Mermaids who lie in the white foam
она пела о русалках, лежащих в белой пене
and they hold out their arms to the mariners
И они протягивают оружие морякам
she sang of the sea-lions with their curved tusks
Она пела о морских львах с их изогнутыми клыками
and she sang of the sea-horses with their floating manes
И она пела о морских коньках с их развевающимися гривами
When she sang the fishes came from the sea
Когда она пела, рыбы выходили из моря
the fish came to listen to her
Рыба пришла послушать ее
the young Fisherman threw his nets round them
молодой Рыбак накинул на них свои сети
and he caught as many fish as he needed
И он поймал столько рыбы, сколько ему было нужно

when his boat was full the Mermaid sunk back down
когда его лодка была полна, Русалка снова пошла ко дну

she went back down into the sea smiling at him
Она спустилась обратно в море, улыбаясь ему
She never got close enough for him to touch her
Она никогда не подходила достаточно близко, чтобы он мог прикоснуться к ней
Often times he called to the little mermaid
Часто он звал русалочку
and he begged to her to come closer to him
И он умолял ее подойти к нему поближе
but she dared not come closer to him
Но она не осмеливалась подойти к нему ближе.
when he tried to catch her she dived into the water
Когда он попытался поймать ее, она нырнула в воду
just like when a seal dives into the sea
Точно так же, как когда тюлень ныряет в море
and he wouldn't see her again that day
И в тот день он ее больше не увидит

each day her voice became sweeter to his ears
С каждым днем ее голос становился все слаще для его ушей
Her voice so sweet that he forgot his nets
Ее голос был так сладок, что он забыл о своих сетях
and he forgot his cunning and his craft
И он забыл свою хитрость и свое ремесло
The tuna went past him in large shoals
Тунец проплыл мимо него большими косяками
but he didn't pay any attention to them
Но он не обращал на них никакого внимания
His spear lay by his side, unused
Его копье лежало рядом с ним, неиспользованное
and his baskets of plaited osier were empty
и корзины с плетеной ивой были пусты
With lips parted, he sat idle in his boat
Приоткрыв губы, он сидел без дела в своей лодке
he listened to the songs of the mermaid
Он слушал песни русалки

and his eyes were dim with wonder
и глаза его потускнели от удивления
he listened till the sea-mists crept round him
Он прислушивался до тех пор, пока морской туман не окутал его
the wandering moon stained his brown limbs with silver
Блуждающая луна окрасила его смуглые конечности серебром

One evening he called to the mermaid
Однажды вечером он позвал русалку
"Little Mermaid, I love thee," he professed
— Русалочка, я люблю тебя, — признался он
"Take me for thy bridegroom, for I love thee"
«Возьми меня себе в женихи, ибо я люблю тебя»
But the mermaid shook her head
Но русалка покачала головой
"Thou hast a human Soul," she answered
— У тебя есть человеческая душа, — ответила она
"If only thou would send away thy Soul"
"Если бы ты только хотел отослать свою Душу"
"if thy sent thy Soul away I could love thee"
"Если бы ты отослал свою Душу, я мог бы любить тебя"
And the young Fisherman said to himself
И сказал себе молодой Рыбак
"of what use is my Soul to me?"
«Какая мне польза от Души моей?»
"I cannot see my Soul"
«Я не вижу своей Души»
"I cannot touch my Soul"
«Я не могу прикоснуться к своей душе»
"I do not know my Soul"
«Я не знаю своей Души»
"I will send my Soul away from me"
«Я пошлю свою Душу от себя»
"and much gladness shall be mine"
"И много радости будет Моей"

And a cry of joy broke from his lips
И крик радости сорвался с его губ
he held out his arms to the Mermaid
он протянул руки к Русалке
"I will send my Soul away," he cried
«Я прогоню свою Душу», — воскликнул он
"you shall be my bride, and I will be thy bridegroom"
«Ты будешь моей невестой, и я буду твоим женихом»
"in the depth of the sea we will dwell together"
«В глубине морской мы будем жить вместе»
"all that thou hast sung of thou shalt show me"
"Все, о чем ты пел, ты покажешь мне"
"and all that thou desirest I will do for you"
"и все, чего ты пожелаешь, Я сделаю для тебя"
"our lives will not be divided no longer"
«Наши жизни больше не будут разделены»
the little Mermaid laughed, full of delight
Русалочка засмеялась, полная восторга
and she hid her face in her hands
И она закрыла лицо руками
but the Fisherman didn't know how to send his Soul away
но Рыбак не знал, как отослать свою Душу
"how shall I send my Soul from me?"
«Как мне послать мою Душу от себя?»
"Tell me how I can do it"
«Скажи мне, как я могу это сделать»
"tell me how and it shall be done"
«Скажи мне, как и будет сделано»
"Alas! I know not" said the little Mermaid
«Увы! Не знаю, — ответила Русалочка
"the Sea-folk have no Souls"
"У Морского Народа нет Души"
And she sank down into the sea
И она утонула в море
and she looked up at him wistfully
И она задумчиво посмотрела на него

The Priest
Священник

Early on the next morning
Рано утром следующего дня
before the sun was above the hills
До того, как солнце поднялось над холмами
the young Fisherman went to the house of the Priest
Молодой Рыбак пошел в дом Священника
he knocked three times at the Priest's door
он трижды постучал в дверь священника
The Priest looked out through the door
Жрец выглянул в дверь
when he saw who it was he drew back the latch
Увидев, кто это, он отодвинул защелку
and he welcomed the young Fisherman into his house
и он пригласил молодого Рыбака в свой дом
he knelt down on the sweet-smelling rushes of the floor
Он опустился на колени на сладко пахнущий камыш пола
and he cried to the Priest, "Father"
и воззвал к священнику: "Отче!"
"I am in love with one of the Sea-folk"
"Я влюблен в одного из Морского Народа"
"and my Soul hindereth me from having my desire"
"и Душа моя препятствует мне иметь желание мое"
"Tell me, how I can send my Soul away from me?"
— Скажи мне, как я могу отослать свою Душу от себя?
"I truly have no need of it"
«Мне это действительно не нужно»
"of what use is my Soul to me?"
«Какая мне польза от Души моей?»
"I cannot see my Soul"
«Я не вижу своей Души»
"I cannot touch my Soul"
«Я не могу прикоснуться к своей душе»
"I do not know my Soul"

«Я не знаю своей Души»
And the Priest beat his chest
И Жрец бил себя в грудь
and he answered, "thou art mad"
И он ответил: "Ты сумасшедший"
"perhaps you have eaten poisonous herbs!"
— Может быть, ты ел ядовитые травы!
"the Soul is the noblest part of man"
«Душа – благороднейшая часть человека»
"and the Soul was given to us by God"
«И Душа дана нам Богом»
"so that we nobly use our Soul"
«чтобы мы благородно пользовались нашей Душой»
"There is no thing more precious than a human Soul"
«Нет вещи дороже человеческой души»
"It is worth all the gold that is in the world"
«Он стоит всего золота, которое есть в мире»
"it is more precious than the rubies of the kings"
«Он дороже рубинов царей»
"Think not any more of this matter, my son"
«Не думай больше об этом, сын мой»
"because it is a sin that may not be forgiven"
«Потому что это грех, который не может быть прощен»
"And as for the Sea-folk, they are lost"
"А что касается Морского Народа, то они погибли"
"and those who live with them are also lost"
"И живущие с ними тоже погибли"
"They are like the beasts of the field"
«Они подобны зверям полевым»
"the beasts that don't know good from evil"
«Звери, которые не отличают добро от зла»
"the Lord has not died for their sake"
«Не за них умер Господь»

he heard the bitter words of the Priest
он услышал горькие слова священника

the young Fisherman's eyes filled with tears
глаза молодого рыбака наполнились слезами
he rose up from his knees and spoke, "Father"
Он поднялся с колен и сказал: «Отец»
"the fauns live in the forest, and they are glad"
«Фавны живут в лесу, и они рады»
"on the rocks sit the Mermen with their harps of gold"
«На скалах сидят русалки с золотыми арфами»
"Let me be as they are, I beseech thee"
«Позволь мне быть таким, как они, умоляю тебя»
"their days are like the days of flowers"
«Дни их подобны дням цветов»
"And, as for my Soul," the young Fisherman continued
— А что касается моей души, — продолжал молодой Рыбак
what doth my Soul profit me?"
Какая мне польза от души моей?»
"how is it good if it stands between what I love?"
«Как хорошо, если она стоит между тем, что я люблю?»
"The love of the body is vile" cried the Priest
«Любовь к телу мерзка!» — воскликнул священник
"and vile and evil are the pagan things"
"А мерзость и зло языческие"
"Accursed be the fauns of the woodland"
«Да будут прокляты фавны леса»
"and accursed be the singers of the sea!"
«И прокляты певцы моря!»
"I have heard them at night-time"
«Я слышал их ночью»
"they have tried to lure me from my bible"
«Они пытались выманить меня из моей Библии»
"They tap at the window, and laugh"
«Они стучат в окно и смеются»
"They whisper into my ears at night"
«Они шепчут мне на ухо по ночам»
"they tell me tales of their perilous joys"

«Они рассказывают мне сказки о своих опасных радостях»
"They try to tempt me with temptations"
«Меня пытаются искушать искушениями»
"and when I try to pray they mock me"
«И когда я пытаюсь молиться, они насмехаются надо мной»
"The mer-folk are lost, I tell thee"
"Русалки погибли, говорю тебе"
"For them there is no heaven, nor hell"
«Для них нет ни рая, ни ада»
"and they shall never praise God's name"
«и они никогда не будут восхвалять имя Божие»
"Father," cried the young Fisherman
— Отец, — воскликнул молодой Рыбак
"thou knowest not what thou sayest"
«Ты не знаешь, что говоришь»
"Once in my net I snared the daughter of a King"
«Однажды в сети я поймал дочь короля»
"She is fairer than the morning star"
«Она прекраснее утренней звезды»
"and she is whiter than the moon"
«И она белее луны»
"For her body I would give my Soul"
«За ее тело я отдал бы свою Душу»
"and for her love I would surrender heaven"
«И ради любви к ней я отдал бы небеса»
"Tell me what I ask of thee"
«Скажи мне, о чем я прошу тебя»
"Father I implore thee, let me go in peace"
«Отец, умоляю тебя, отпусти меня с миром»
"Get away from me! Away!" cried the Priest
— Отойди от меня! Прочь!» — закричал священник
"thy lover is lost, and thou shalt be lost with her"
«Возлюбленная твоя пропала, и ты пропадешь с ней»
the Priest gave him no blessing
священник не дал ему никакого благословения

and he drove him from his door
и прогнал его от дверей своих

the young Fisherman went down into the market-place
Молодой Рыбак спустился на рыночную площадь
he walked slowly with his head bowed
Он шел медленно, склонив голову
he walked like one who is in sorrow
Он ходил, как скорбящий
the merchants saw the young Fisherman coming
купцы увидели молодого Рыбака, идущего
and the merchants whispered to each other
И купцы перешёптывались друг с другом
one of the merchants came forth to meet him
Один из купцов вышел ему навстречу
and he called him by his name
И он назвал его по имени
"What hast thou to sell?" he asked him
«Что ты хочешь продать?» — спросил он его
"I will sell thee my Soul," he answered
«Я продам тебе свою душу», — ответил он
"I pray thee buy my Soul off me"
«Молю тебя, выкупи у меня мою Душу»
"because I am weary of it"
«потому что я устал от этого»
"of what use is my Soul to me?"
«Какая мне польза от Души моей?»
"I cannot see my Soul"
«Я не вижу своей Души»
"I cannot touch my Soul"
«Я не могу прикоснуться к своей душе»
"I do not know my Soul"
«Я не знаю своей Души»
But the merchants only mocked him
Но купцы только насмехались над ним
"Of what use is a man's Soul to us?"

«Какая нам польза от души человека?»
"It is not worth a piece of silver"
«Он не стоит и вылома сребреника»
"Sell us thy body for slavery"
«Продай нам тело твое в рабство»
"and we will clothe thee in sea-purple"
"И оденем тебя в пурпур морской"
"and we'll put a ring upon thy finger"
"И мы наденем перстень на палец твой"
"and we'll make thee the minion of the great Queen"
«И мы сделаем тебя приспешником великой Царицы»
"but don't talk of the Soul to us"
"но не говори нам о Душе"
"because for us a Soul is of no use"
"потому что для нас Душа бесполезна"
And the young Fisherman thought to himself
И подумал про себя молодой Рыбак
"How strange a thing this is!"
— Какая странная штука!
"The Priest told me the value of the Soul"
«Священник сказал мне о ценности Души»
"the Soul is worth all the gold in the world"
«Душа стоит всего золота в мире»
"but the merchants say a different thing"
"Но купцы говорят другое"
"the Soul is not worth a piece of silver"
«Душа не стоит и сребреника»
And he went out of the market-place
И он вышел с рыночной площади
and he went down to the shore of the sea
И сошел он на берег моря
and he began to ponder on what he should do
И он стал размышлять о том, что ему делать

The Witch
Ведьма

At noon he remembered one of his friends
В полдень он вспомнил об одном из своих друзей
his friend was a gatherer of samphire
Его друг был собирателем самфира
he had told him of a young Witch
он рассказывал ему о молодой ведьме
this young Witch dwelt in a nearby cave
Эта юная ведьма жила в ближайшей пещере
and she was very cunning in her Witcheries
и она была очень хитра в своих колдовских делах
the young Fisherman stood up and ran to the cave
молодой Рыбак встал и побежал в пещеру

By the itching of her palm she knew he was coming
По зуду ладони она поняла, что он приближается
and she laughed, and let down her red hair
Она засмеялась и распустила свои рыжие волосы
She stood at the opening of the cave
Она стояла у входа в пещеру
her long red hair flowed around her
Ее длинные рыжие волосы развевались вокруг нее
and in her hand she had a spray of wild hemlock
А в руке у нее была струя дикого болиголова
"What do you lack?" she asked, as he came
«Чего тебе не хватает?» — спросила она, когда он подошел
he was panting when got to her
Он тяжело дышал, когда добрался до нее
and he bent down before her
И он склонился перед нею
"Do you want fish for when there is no wind?"
— Хочешь рыбу, когда нет ветра?
"I have a little reed-pipe"
«У меня есть маленькая тростниковая дудочка»

"when I blow it the mullet come into the bay"
«Когда я подую на него, кефаль войдет в залив»
"But it has a price, pretty boy"
"Но у этого есть цена, красавчик"
"What do you lack?"
— Чего тебе не хватает?

"Do you want a storm to wreck the ships?"
— Ты хочешь, чтобы шторм потопил корабли?
"It will wash the chests of rich treasure ashore"
«Он вымоет на берег сундуки с богатыми сокровищами»
"I have more storms than the wind"
«У меня больше бурь, чем ветра»
"I serve one who is stronger than the wind"
«Я служу тому, кто сильнее ветра»
"I can send the great galleys to the bottom of the sea"
«Я могу отправить большие галеры на дно морское»
"with a sieve and a pail of water"
"с решетом и ведром воды"
"But I have a price, pretty boy"
«Но у меня есть цена, красавчик»
"What do you lack?"
— Чего тебе не хватает?

"I know a flower that grows in the valley"
«Я знаю цветок, который растет в долине»
"no one knows of this flower, but I"
«Никто не знает об этом цветке, кроме меня»
"this secret flower has purple leaves"
"У этого секретного цветка пурпурные листья"
"and in the heart of the flower is a star"
«А в сердце цветка звезда»
"and its juice is as white as milk"
"И сок его бел, как молоко"
"touch the lips of the Queen with it"
«прикоснись им к губам королевы»

"and she will follow thee all over the world"
"И она будет следовать за Тобою по всему свету"
"Out of the bed of the King she would rise"
«Она восстанет с постели Царя»
"and over the whole world she would follow thee"
"И по всему миру она последует за тобою"
"But it has a price, pretty boy"
"Но у этого есть цена, красавчик"
"What do you lack?"
— Чего тебе не хватает?

"I can pound a toad in a mortar"
«Я могу растопить жабу в ступке»
"and I can make broth of the toad"
«И я могу приготовить бульон из жабы»
"stir the broth with a dead man's hand"
«Размешайте бульон мертвой рукой»
"Sprinkle it on thine enemy while he sleeps"
«Окропи им врага твоего, пока он спит»
"and he will turn into a black viper"
"И он превратится в черную гадюку"
"and his own mother will slay him"
«И убьет его мать его»
"With a wheel I can draw the Moon from heaven"
«С помощью колеса я могу нарисовать Луну с неба»
"and in a crystal I can show thee Death"
"И в кристалле я могу показать тебе Смерть"
"What do you lack?"
— Чего тебе не хватает?
"Tell me thy desire and I will give it to you"
«Скажи мне о своем желании, и я дам тебе»
"and thou shalt pay me a price, pretty boy"
"И ты заплатишь мне цену, милый мальчик"

"My desire is but for a little thing"
«Я желаю только мелочи»

"yet the Priest was angry with me"
«Но священник разгневался на меня»
"and he chased me away in anger"
«И прогнал меня в гневе»
"My wish is but for a little thing"
«Я желаю только для мелочи»
"yet the merchants have mocked me"
«Но купцы насмехались надо мною»
"and they denied me my wish"
«И мне отказали в моем желании»
"Therefore have I come to thee"
"Посему я пришел к Тебе"
"I came although men call thee evil"
«Я пришел, хотя люди называют тебя злом»
"but whatever thy price is I shall pay it"
"Но какова бы ни была твоя цена, я заплачу ее"
"What would'st thou?" asked the Witch
"Что ты хочешь?" - спросила Ведьма
and she came near to the Fisherman
и она подошла к Рыбаку
"I wish to send my Soul away from me"
«Я хочу отослать свою Душу от себя»
The Witch grew pale, and shuddered
Ведьма побледнела и вздрогнула
and she hid her face in her blue mantle
И она спрятала лицо свое в синюю мантию
"Pretty boy, that is a terrible thing to do"
«Красавчик, это ужасно»
He tossed his brown curls and laughed
Он взъерошил свои каштановые кудри и рассмеялся
"My Soul is nought to me" he answered
«Моя Душа для меня ничто», — ответил он
"I cannot see my Soul"
«Я не вижу своей Души»
"I cannot touch my Soul"
«Я не могу прикоснуться к своей душе»

"I do not know my Soul"
«Я не знаю своей Души»
the young Witch saw an opportunity
Юная Ведьма увидела возможность
"What would thou give me if I tell thee?"
— Что ты дашь мне, если я скажу тебе?
and she looked down at him with her beautiful eyes
И она посмотрела на него своими прекрасными глазами
"I will give thee five pieces of gold" he said
— Я дам тебе пять золотых, — сказал он
"and I will give thee my nets for fishing"
"и дам тебе сети мои для ловли рыбы"
"and I will give thee the house where I live"
"и дам тебе дом, в котором живу"
"and you can have my boat"
«И ты можешь получить мою лодку»
"I will give thee all that I possess"
«Я дам тебе все, что у меня есть»
"Tell me how to get rid of my Soul"
«Скажи мне, как избавиться от моей Души»
She laughed mockingly at him
Она насмешливо рассмеялась над ним
and she struck him with the spray of hemlock
И она поразила его брызгами болиголова
"I can turn the autumn leaves into gold"
«Я могу превратить осенние листья в золото»
"and I can weave the pale moonbeams into silver"
«И я могу соткать бледные лунные лучи в серебро»
"He whom I serve is richer than all kings"
«Тот, кому я служу, богаче всех царей»
"thy price be neither gold nor silver," he confirmed
«Твоя цена не будет ни золотом, ни серебром», — подтвердил он
"What then shall I give thee if?"
— Что же Я дам тебе, если?
"The Witch stroked his hair with her thin white hand"

«Ведьма гладила его по волосам своей тонкой белой рукой»
"Thou must dance with me, pretty boy," she murmured
— Ты должен танцевать со мной, милый мальчик, — пробормотала она
and she smiled at him as she spoke
И она улыбнулась ему, когда говорила
"Nothing but that?" cried the young Fisherman
"Ничего, кроме этого?" - воскликнул молодой Рыбак
and he wondered why she didn't ask for more
И он удивлялся, почему она не попросила о большем
"Nothing but that" she answered
— Ничего, кроме этого, — ответила она
and she smiled at him again
И она снова улыбнулась ему
"Then at sunset we shall dance together"
«Тогда на закате мы будем танцевать вместе»
"And after we have danced thou shalt tell me"
"И после того, как мы станцуем, ты скажешь мне"
"The thing which I desire to know"
«То, что я желаю знать»
the young Witch shook her head
Юная Ведьма покачала головой
"When the moon is full" she muttered
— Когда луна полная, — пробормотала она
Then she peered all round, and listened
Потом она огляделась по сторонам и прислушалась
A blue bird rose screaming from its nest
Синяя птица с криком поднялась из гнезда
and the blue bird circled over the dunes
И синяя птица кружила над дюнами
and three spotted birds rustled in the grass
и три пятнистые птицы шуршали в траве
and the birds whistled to each other
И птицы свистели друг другу
There was no other sound except for the sound of a wave

Не было никакого другого звука, кроме звука волны
the wave was crushing pebbles
Волна давила гальку
So she reached out her hand
Она протянула руку
and she drew him near to her
И она притянула его к себе
and she put her dry lips close to his ear
И она прижалась пересохшими губами к его уху
"Tonight thou must come to the top of the mountain"
"Сегодня ночью ты должен подняться на вершину горы"
"It is a Sabbath, and He will be there"
«Сегодня суббота, и Он будет там»
The young Fisherman was startled by what she said
Молодой Рыбак был поражен тем, что она сказала
she showed him her white teeth and laughed
Она показала ему свои белые зубы и рассмеялась
"Who is He of whom thou speakest?"
«Кто Тот, о Ком ты говоришь?»
"It matters not," she answered
— Это не имеет значения, — ответила она
"Go there tonight," she told him
— Иди туда сегодня вечером, — сказала она ему
"wait for me under the branches of the hornbeam"
«Жди меня под ветвями граба»
"If a black dog runs towards thee don't panic"
«Если черная собака бежит к тебе, не паникуй»
"strike the dog with willow and it will go away"
«Ударь собаку ивой, и она уйдет»
"If an owl speaks to thee don't answer it"
«Если сова заговорит с тобой, не отвечай»
"When the moon is full I shall be with thee"
«Когда луна будет полной, я буду с тобою»
"and we will dance together on the grass"
«И мы будем танцевать вместе на траве»
the young Fisherman agreed to do as she said

Молодой Рыбак согласился сделать так, как она сказала
"But do you swear to tell me how to send my Soul away?"
— Но ты клянешься, что скажешь мне, как отослать мою душу?
She moved out into the sunlight
Она вышла на солнечный свет
and the wind rippled through her red hair
и ветер трепал ее рыжие волосы
"By the hoofs of the goat I swear it"
«Клянусь копытами козла»
"Thou art the best of the Witches" cried the young Fisherman
— Ты лучшая из ведьм, — воскликнул молодой Рыбак
"and I will surely dance with thee tonight"
"И я непременно буду танцевать с тобой сегодня вечером"
"I would have preferred it if you had asked for gold"
«Я бы предпочел, чтобы вы попросили золото»
"But if this is thy price I shall pay it"
"Но если такова твоя цена, я заплачу ее"
"because it is but a little thing"
«Потому что это всего лишь мелочь»
He doffed his cap to her and bent his head low
Он снял с нее кепку и низко склонил голову
and he ran back to town with joy in his heart
И он побежал обратно в город с радостью в сердце
And the Witch watched him as he went
И Ведьма смотрела ему вслед, пока он шел
when he had passed from her sight she entered her cave
Когда он скрылся из виду, она вошла в свою пещеру
she took out a mirror from a box
Она достала из коробки зеркальце
and she set up the mirror on a frame
и она поставила зеркало на раму
She burned vervain on lighted charcoal before the mirror
Она сжигала вербену на зажженных углях перед зеркалом
and she peered through the coils of the smoke
И она заглянула сквозь клубы дыма

after a time she clenched her hands in anger
Через некоторое время она в гневе сжала кулаки
"He should have been mine," she muttered
— Он должен был быть моим, — пробормотала она
"I am as beautiful as she is"
«Я такой же красивый, как и она»

When the moon had risen he left his hut
Когда взошла луна, он вышел из своей хижины
the young Fisherman climbed up to the top of the mountain
молодой Рыбак поднялся на вершину горы
and he stood under the branches of the hornbeam
И он стоял под ветвями граба
The sea lay at his feet like a disc of polished metal
Море лежало у его ног, как диск из полированного металла
the shadows of the fishing boats moved in the little bay
Тени рыбацких лодок двигались в маленькой бухте
A great owl with yellow eyes called him
Его позвала большая сова с желтыми глазами
it called him by his name
Она назвала его по имени
but he made the owl no answer
Но он не дал сове ответа
A black dog ran towards him and snarled
Черная собака подбежала к нему и зарычала
but he did not panic when the dog came
Но он не запаниковал, когда пришла собака
he struck the dog with a rod of willow
Он ударил собаку ивовым прутом
and the dog went away, whining
И собака ушла, скуля

At midnight the Witches came flying through the air
В полночь ведьмы полетели по воздуху
they were like bats flying in the air

Они были похожи на летучих мышей, летающих в воздухе
"Phew!" they cried, as they landed on the ground
«Фух!» — закричали они, приземлившись на землю
"there is someone here that we don't know!"
«Здесь есть кто-то, кого мы не знаем!»
and they sniffed around for the stranger
И они принюхивались в поисках незнакомца
they chattered to each other and made signs
Они болтали друг с другом и делали знаки
Last of all came the young Witch
Последней пришла юная ведьма
her red hair was streaming in the wind
Ее рыжие волосы развевались на ветру
She wore a dress of gold tissue
На ней было платье из золотой ткани
and her dress was embroidered with peacocks' eyes
И платье ее было расшито павлиньими глазами
a little cap of green velvet was on her head
На голове у нее была маленькая шапочка из зеленого бархата
"Who is he?" shrieked the Witches when they saw her
«Кто он?» — закричали ведьмы, увидев ее
but she only laughed, and ran to the hornbeam
Но она только рассмеялась и побежала к грабу
and she took the Fisherman by the hand
и она взяла Рыбака за руку
she led him out into the moonlight
Она вывела его в лунный свет.
and in the moonlight they began to dance
И в лунном свете они начали танцевать
Round and round they whirled in their dance
Круг за кругом они кружились в танце
she jumped higher and higher into the air
Она подпрыгивала все выше и выше в воздух
he could see the scarlet heels of her shoes
Он видел алые каблуки ее туфель

Then came the sound of the galloping of a horse
Затем послышался звук скачущей лошади
but there was no horse to be seen
Но лошади не было видно
and he felt afraid, but he did not know why
И ему стало страшно, но он не знал почему
"Faster," cried the Witch to him
— Быстрее, — крикнула ему Ведьма
and she threw her arms around his neck
И она обвила руками его шею
and her breath was hot upon his face
и горячее дыхание ее коснулось его лица
"Faster, faster!" she cried again
«Быстрее, быстрее!» — снова закричала она
the earth seemed to spin beneath his feet
Земля, казалось, вращалась у него под ногами
and his thoughts grew more and more troubled
И мысли его становились все более и более тревожными
out of nowhere a great terror fell on him
Ни с того ни с сего на него обрушился великий ужас
he felt some evil thing was watching him
Он чувствовал, что за ним наблюдает какая-то злая тварь
and at last he became aware of something
Наконец он кое-что осознал
under the shadow of a rock there was a figure
В тени скалы стояла фигура
a figure that he had not been there before
фигура, которой он раньше не видел
It was a man dressed in a black velvet suit
Это был человек, одетый в черный бархатный костюм
it was styled in the Spanish fashion
он был стилизован на испанский лад
the strangers face was strangely pale
Лицо незнакомца было странно бледным
but his lips were like a proud red flower
Но губы его были подобны гордому красному цветку

He seemed weary of what he was seeing
Казалось, он устал от того, что видел
he was leaning back toying in a listless manner
Он откинулся на спинку кресла и вяло играл
he was toying with the pommel of his dagger
Он играл с навершием своего кинжала
on the grass beside him lay a plumed hat
На траве рядом с ним лежала шляпа с плюмажем
and there were a pair of riding gloves with gilt lace
И там была пара перчаток для верховой езды с позолоченным кружевом
they were sewn with seed-pearls
Они были зашиты жемчугом-семенем
A short cloak lined with sables hung from his shoulder
С плеча у него свисал короткий плащ с подкладкой из соболей
and his delicate white hands were gemmed with rings
и его тонкие белые руки были украшены драгоценными камнями
Heavy eyelids drooped over his eyes
Тяжелые веки опустились на глаза
The young Fisherman watched the stranger
Молодой Рыбак наблюдал за незнакомцем
just like when one is snared in a spell
Точно так же, как если бы кто-то попал в ловушку заклинания
At last the Fisherman's and the stranger's eyes met
Наконец глаза рыбака и незнакомца встретились
wherever he danced the eyes seemed to be on him
Где бы он ни танцевал, казалось, что на него смотрят
He heard the Witch laugh wildly
Он услышал, как Ведьма дико рассмеялась
and he caught her by the waist
И он схватил ее за талию
and he whirled her madly round and round
И он бешено вертел ее по кругу

Suddenly a dog barked in the woods
Вдруг в лесу залаяла собака
and all the dancers stopped dancing
И все танцоры перестали танцевать
they knelt down and kissed the man's hands
Они опустились на колени и поцеловали руки мужчины
As they did so a little smile touched his proud lips
Когда они это сделали, легкая улыбка тронула его гордые губы
like when a bird's wing touches the water
Например, когда крыло птицы касается воды
and it makes the water laugh a little
И это заставляет воду немного смеяться
But there was disdain in his smile
Но в его улыбке было презрение
He kept looking at the young Fisherman
Он продолжал смотреть на молодого Рыбака
"Come! let us worship" whispered the Witch
— Пойдемте! давайте поклонимся, — прошептала Ведьма
and she led him up to the man
И она подвела его к тому человеку
a great desire to follow her seized him
Им овладело огромное желание следовать за ней
and he followed her to the man
И он последовал за ней к тому человеку
But when he came close he made the sign of the Cross
Но, подойдя ближе, осенил себя крестным знамением
he did this without knowing why he did it
Он сделал это, не зная, почему он это сделал
and he called upon the holy name
И призвал Святое Имя
As soon as he did this the Witches screamed like hawks
Как только он это сделал, ведьмы закричали, как ястребы
and all the Witches flew away like bats
и все ведьмы улетели, как летучие мыши
the figure under the shadow tWitched with pain

фигура под тенью, заколдованная болью
The man went over to a little wood and whistled
Мужчина подошел к деревушке и присвистнул
A horse with silver trappings came running to meet him
Навстречу ему прибежала лошадь с серебряными украшениями
As he leapt upon the saddle he turned round
Вскочив в седло, он обернулся
and he looked at the young Fisherman sadly
и он грустно посмотрел на молодого Рыбака
the Witch with the red hair also tried to fly away
Ведьма с рыжими волосами тоже пыталась улететь
but the Fisherman caught her by her wrists
но Рыбак схватил ее за запястья
and he kept hold of her tightly
И он крепко держал ее
"Let me loose!" she cried, "Let me go!"
«Отпустите меня!» — закричала она, — «Отпустите меня!»
"thou hast named what should not be named"
«Ты назвал то, что не должно быть названо»
"and thou hast shown the sign that may not be looked at"
"И Ты показал знамение, на которое нельзя смотреть"
"I will not let thee go till thou hast told me the secret"
«Я не отпущу тебя, пока ты не откроешь мне тайну»
"What secret?" said the Witch
"Какой секрет?" - спросила Ведьма
and she wrestled with him like a wild cat
И она боролась с ним, как дикая кошка
and she bit her foam-flecked lips
И она прикусила губы, покрытые пеной
"You know the secret," replied the Fisherman
— Ты знаешь секрет, — ответил Рыбак
Her grass-green eyes grew dim with tears
Ее травянисто-зеленые глаза потускнели от слез
"Ask me anything but that!" she begged of the Fisherman

«Спроси меня о чем угодно, только не об этом!» — умоляла она Рыбака

He laughed, and held her all the more tightly
Он засмеялся и еще крепче прижал ее к себе
She saw that she could not free herself
Она видела, что не может освободиться
when she realized this she whispered to him
Когда она поняла это, она прошептала ему
"Surely I am as fair as the daughters of the sea"
«Воистину, я прекрасна, как дочери моря»
"and I am as comely as those that dwell in the blue waters"
"И Я прекрасен, как живущие в синих водах"
and she fawned on him and put her face close to his
И она заискивающе прижалась к нему и прижалась лицом к его лицу
But he thrust her back and replied to her
Но он оттолкнул ее назад и ответил ей
"If thou don't keep your promise I will slay thee"
«Если ты не сдержишь своего обещания, я убью тебя»
"I will slay thee for a false Witch"
«Я убью тебя за ложную ведьму»
She grew gas rey as a blossom of the Judas tree
Она вырастила газ рей как цветок иудиного дерева
and a strange shudder past through her body
и странная дрожь пробежала по ее телу
"if that is how you want it to be," she muttered
— Если ты хочешь, чтобы все было именно так, — пробормотала она
"It is thy Soul and not mine"
«Это твоя Душа, а не моя»
"Do with your Soul as thou wish"
«Делай со своей Душой, что хочешь»
And she took from her girdle a little knife
И она вынула из-за пояса нож
the knife had a handle of green viper's skin
У ножа была рукоять из кожи зеленой гадюки

and she gave him this green little knife
И она дала ему этот маленький зеленый нож
"What shall I do with this?" he asked of her
«Что мне с этим делать?» — спросил он ее
She was silent for a few moments
Несколько мгновений она молчала
a look of terror came over her face
На ее лице появилось выражение ужаса
Then she brushed her hair back from her forehead
Затем она откинула волосы со лба
and, smiling strangely, she spoke to him
И, странно улыбаясь, заговорила с ним
"men call it the shadow of the body"
«Мужчины называют это тенью тела»
"but it is not the shadow of the body"
«Но это не тень тела»
"the shadow is the body of the Soul"
«тень – это тело Души»
"Stand on the sea-shore with thy back to the moon"
«Встань на берегу моря спиной к луне»
"cut away from around thy feet thy shadow"
«Отсеки от ног твоих тень твою»
"the shadow, which is thy Soul's body"
«тень, которая есть тело души твоей»
"and bid thy Soul to leave thee"
"и велел Душе твоей покинуть тебя"
"and thy Soul will leave thee"
"и покинет тебя душа твоя"
The young Fisherman trembled, "Is this true?"
Молодой Рыбак вздрогнул: «Это правда?»
"what I have said is true," she answered him
— То, что я сказала, правда, — ответила она ему
"and I wish that I had not told thee of it"
"и я хотел бы не сказать тебе об этом"
she cried, and clung to his knees weeping
Она заплакала и прильнула к его коленям и заплакала

he moved her away from him in the tall grass
Он отодвинул ее от себя в высокой траве
and he placed the little green knife in his belt
И он засунул за пояс маленький зеленый нож
then he went to the edge of the mountain
Затем он подошел к краю горы
from the edge of the mountain he began to climb down
С края горы он начал спускаться вниз

The Soul
Душа

his Soul called out to him
его Душа взывала к нему
"I have dwelt with thee for all these years"
«Я жил с тобою все эти годы»
"and I have been thy servant"
"и я был рабом Твоим"
"Don't send me away from thee"
«Не прогоняй меня от себя»
"what evil have I done thee?"
«Какое зло я сделал тебе?»
And the young Fisherman laughed
И рассмеялся юный Рыбак
"Thou has done me no evil"
«Ты не сделал мне зла»
"but I have no need of thee"
"но я не нуждаюсь в тебе"
"The world is wide"
«Мир широк»
"there is Heaven and Hell in this life"
«В этой жизни есть Рай и Ад»
"and there a dim twilight between them"
"И смутные сумерки между ними"
"Go wherever thou wilt, but trouble me not"
«Иди, куда хочешь, но не смущай меня»
"because my love is calling to me"
«Потому что моя любовь зовет меня»
His Soul besought him piteously
Его Душа жалобно умоляла его
but the young Fishmerman heeded it not
но молодой Рыбоплаватель не обратил на это внимания
instead, he leapt from crag to crag
Вместо этого он прыгал со скалы на скалу
he moved as sure-footed as a wild goat

Он двигался уверенно, как дикий козел
and at last he reached the level ground
Наконец он добрался до ровной площадки
and then he reached the yellow shore of the sea
И вот он достиг желтого берега моря
He stood on the sand with his back to the moon
Он стоял на песке спиной к луне
and out of the sea-foam came white arms
И из морской пены вышли белые руки
the arms of the mermaid beckoned him to come
Руки русалки манили его подойти
Before him lay his shadow; the body of his Soul
Перед ним лежала его тень; тело его Души
behind him hung the moon, in honey-coloured air
Позади него висела луна, в медовом цвете
And his Soul spoke to him again
И его Душа снова заговорила с ним
"thou hast decided to drive me away from thee"
"Ты решил прогнать меня от себя"
"but send me not forth without a heart"
"Но не посылайте Меня без сердца"
"The world you are sending me to is cruel"
«Мир, в который вы меня посылаете, жесток»
"give me thy heart to take with me"
«Дай мне сердце твое, чтобы взять с Мною»
He tossed his head and smiled
Он вскинул голову и улыбнулся
"With what should I love if I gave thee my heart?"
«Чем бы я любил, если бы отдал тебе свое сердце?»
"Nay, but be merciful," said his Soul
— Нет, но будь милосерден, — сказала его Душа
"give me thy heart, for the world is very cruel"
«Отдай мне сердце твое, ибо мир очень жесток»
"and I am afraid," begged his soul
— А я боюсь, — умоляла его душа
"My heart belongs my love," he answered

«Мое сердце принадлежит моей любви», — ответил он
"Should I not love also?" asked his Soul
«Разве я не должен любить?» — спросила его Душа
but the fisherman didn't answer his soul
Но рыбак не ответил своей душе
"Get thee gone, for I have no need of thee"
"Убирайся, ибо ты мне не нужен"
and he took the little knife
И он взял нож
the knife with its handle of green viper's skin
нож с рукоятью из кожи зеленой гадюки
and he cut away his shadow from around his feet
и отсек тень свою от ног своих
and his shadow rose up and stood before him
Тень его поднялась и предстала перед ним
his shadow was just like he was
Его тень была такой же, как и он сам
and his shadow looked just like he did
И его тень выглядела точно так же, как он сам
He crept back and put his knife into his belt
Он отполз назад и сунул нож за пояс
A feeling of awe came over him
Его охватило чувство благоговения
"Get thee gone," he murmured
— Убирайся, — пробормотал он
"let me see thy face no more"
«Не дай мне более видеть лица Твоего»
"Nay, but we must meet again," said the Soul
— Нет, но мы должны встретиться снова, — сказала Душа
His Soul's voice was low and like a flute
Голос его Души был низким и похожим на флейту
its lips hardly moved while it spoke
Его губы почти не шевелились, пока он говорил
"How shall we meet?" asked the young Fisherman
«Как мы встретимся?» — спросил молодой Рыбак
"Thou wilt not follow me into the depths of the sea?"

— Не хочешь ли ты последовать за мною в глубины морские?
"Once every year I will come to this place"
«Раз в год я буду приезжать в это место»
"I will call to thee," said the Soul
— Я позову тебя, — сказала Душа
"It may be that thou will have need of me"
"Может быть, ты будешь нуждаться во мне"
the young Fishermam did not see a reason
юная Рыбачка не видела в этом причины
"What need could I have of thee?"
— Какая мне нужда в тебе?
"but be it as thou wilt"
"Но будь как хочешь"
he plunged into the deep dark waters
Он погрузился в глубокие темные воды
and the Tritons blew their horns to welcome him
и тритоны затрубили в свои рога, приветствуя его
the little Mermaid rose up to meet her lover
Русалочка встала, чтобы встретить своего возлюбленного
she put her arms around his neck
Она обвила руками его шею
and she kissed him on the mouth
И она поцеловала его в губы
His Soul stood on the lonely beach
Его Душа стояла на пустынном пляже
his Soul watched them sink into the sea
его Душа смотрела, как они погружаются в море
then his Soul went weeping away over the marshes
затем его Душа отправилась плакать над болотами

After the First Year
После первого года

it had been one year since had he cast his soul away
Прошел год с тех пор, как он отверг свою душу
the Soul came back to the shore of the sea
Душа вернулась на берег моря
and the Soul called to the young Fisherman
и Душа воззвала к молодому Рыбаку
the young Fisherman rose back out of the sea
Молодой Рыбак поднялся из моря
he asked his soul, "Why dost thou call me?"
Он спросил свою душу: «Зачем ты зовешь меня?»
And the Soul answered, "Come nearer"
И Душа ответила: "Подойди ближе"
"come nearer, so that I may speak with thee"
«Подойди ближе, чтобы Я мог говорить с тобою»
"I have seen marvellous things"
«Я видел дивные вещи»
So the young Fisherman came nearer to his soul
И юный Рыбак приблизился к своей душе
and he couched in the shallow water
И он залег на мелководье
and he leaned his head upon his hand
И он положил голову на руку свою
and he listened to his Soul
и он прислушался к своей Душе
and his Soul spoke to him
и его Душа говорила с ним

When I left thee I turned East
Покинув тебя, я повернул на восток
From the East cometh everything that is wise
С Востока приходит все мудрое
For six days I journeyed eastwards
Шесть дней я путешествовал на восток

on the morning of the seventh day I came to a hill
Утром седьмого дня я подошел к холму
a hill that is in the country of the Tartars
холм, который находится в стране татар
I sat down under the shade of a tamarisk tree
Я присел в тени тамариска
in order to shelter myself from the sun
для того, чтобы укрыться от солнца
The land was dry and had burnt up from the heat
Земля была сухая и сгорела от жары
The people went to and fro over the plain
Люди ходили взад и вперед по равнине
they were like flies crawling on polished copper
Они были похожи на мух, ползающих по полированной меди
When it was noon a cloud of red dust rose
Когда наступил полдень, поднялось облако красной пыли
When the Tartars saw it they strung their bows
Когда татары увидели это, они натянули свои луки
and they leapt upon their little horses
И они вскочили на своих коней
they galloped to meet the cloud of red dust
Они поскакали навстречу облаку красной пыли
The women fled to the wagons, screamin
Женщины с криками бросились к повозкам
they hid themselves behind the felt curtains
Они спрятались за войлочными занавесками
At twilight the Tartars returned to their camp
В сумерках татары вернулись в свой лагерь
but five of them did not return
Но пятеро из них не вернулись
many of them had been wounded
Многие из них были ранены
They harnessed their horses to the wagons
Они запрягли лошадей в повозки
and they drove away hastily

И они поспешно уехали
Three jackals came out of a cave and peered after them
Три шакала вышли из пещеры и заглянули им вслед
the jackals sniffed the air with their nostrils
Шакалы нюхали воздух ноздрями
and they trotted off in the opposite direction
И они побежали в противоположном направлении
When the moon rose I saw a camp-fire
Когда взошла луна, я увидел костер
and I went towards the fire in the distance
и я пошел к огню вдалеке
A company of merchants were seated round the fire
Вокруг костра сидела компания купцов
the merchants were sitting on their carpets
Купцы сидели на своих коврах
Their camels were tied up behind them
Их верблюды были привязаны позади них
and their servants were pitching tents in the sand
а слуги их разбивали шатры на песке
As I came near them the chief rose up
Когда я подошел к ним, вождь встал
he drew his sword and asked me my intentions
Он обнажил меч и спросил меня о моих намерениях
I answered that I was a Prince in my own land
Я ответил, что я принц в своей стране
I said I had escaped from the Tartars
Я сказал, что бежал от татар
they had sought to make me their slave
Они хотели сделать меня своим рабом
The chief smiled and showed me five heads
Вождь улыбнулся и показал мне пять голов
the heads were fixed upon long reeds of bamboo
Головы были закреплены на длинных бамбуковых тростниках
Then he asked me who was the prophet of God
Затем он спросил меня, кто такой пророк Божий

I answered him that it was, "Mohammed"
Я ответил ему, что это «Магомет»
He bowed and took me by the hand
Он поклонился и взял меня за руку
and he let me sit by his side
И он позволил мне сесть рядом с ним
A servant brought me some mare's milk in a wooden-dish
Слуга принес мне кобылье молоко в деревянной посуде
and he brought a piece of lamb's flesh
И он принес кусок мяса ягненка
At daybreak we started on our journey
На рассвете мы отправились в путь
I rode on a red-haired camel, by the side of the chief
Я ехал верхом на рыжеволосом верблюде рядом с вождем
a runner ran before us, carrying a spear
Перед нами бежал гонец с копьем в руках
The men of war were on both sides of us
Воины были по обе стороны от нас
and the mules followed with the merchandise
А мулы последовали за товаром
There were forty camels in the caravan
В караване было сорок верблюдов
and the mules were twice forty in number
А мулов было вдвое сорок

We went from the land of Tartars to the land of Gryphons
Мы перешли из земли татар в землю грифонов
The folk of the Gryphons curse the Moon
Народ грифонов проклинает Луну
We saw the Gryphons on the white rocks
Мы видели Грифонов на белых скалах
they were guarding their gold treasure
Они охраняли свое золотое сокровище
And we saw the scaled Dragons sleeping in their caves
И мы увидели чешуйчатых драконов, спящих в своих пещерах

As we passed over the mountains we held our breath
Когда мы проходили через горы, мы затаили дыхание
so that the snow would not fall on us
чтобы на нас не падал снег
and each man tied a veil over his eyes
И каждый повязал покрывало на глаза свои.
when we passed through the valleys of the Pygmies
когда мы проходили через долины пигмеев
and the Pygmies shot their arrows at us
и пигмеи пустили в нас свои стрелы
they shot from the hollows of the trees
стреляли из дупла деревьев
at night we heard the wild men beat their drums
По ночам мы слышали, как дикие люди били в барабаны
When we came to the Tower of Apes we offered fruits
Когда мы подошли к Башне обезьян, мы предложили фрукты
and those inthe tower of the Apes did not harm us
и те, кто был в башне обезьян, не причинили нам вреда
When we came to the Tower of Serpents we offered milk
Когда мы подошли к Змеиной башне, мы предложили молоко
and those in the tower of the Serpents let us go past
и те, что в башне Змей, пропустили нас мимо
Three times in our journey we came to the banks of the Oxus
Трижды в нашем путешествии мы приходили к берегам Окса
We crossed the river Oxus on rafts of wood
Мы переправились через реку Оксус на плотах из дров
The river horses raged and tried to slay us
Речные лошади свирепствовали и пытались убить нас
When the camels saw them they trembled
Увидев их, верблюды затрепетали
The kings of each city levied tolls on us
Цари каждого города взимали с нас пошлины
but they would not allow us to enter their gates

Но они не позволили нам войти в их ворота
They threw bread over the walls to us
Они бросали нам хлеб через стены
and they gave us little maize-cakes baked in honey
И они дали нам маленькие кукурузные лепешки, испеченные в меду
and cakes of fine flour filled with dates
и лепешки из муки тонкого помола с начинкой из фиников
For every hundred baskets we gave them a bead of amber
За каждые сто корзин мы давали им бусину янтаря
When villagers saw us coming they poisoned the wells
Когда жители деревни увидели, что мы идем, они отравили колодцы
and the villagers fled to the hill-summits
И жители деревни бежали на вершины холмов
on our journey we fought with the Magadae
в нашем путешествии мы сражались с магадами
They are born old, and grow younger every year
Они рождаются старыми и с каждым годом молодеют
they die when they are little children
Они умирают, когда становятся маленькими детьми
and on our journey we fought with the Laktroi
и в нашем путешествии мы сражались с Лактроем
they say that the Laktroi are the sons of tigers
говорят, что Лактрой - сыновья тигров
and they paint themselves yellow and black
и они красят себя в желтый и черный цвета
And on our journey we fought with the Aurantes
И в нашем путешествии мы сражались с аурантами
they bury their dead on the tops of trees
Они хоронят своих мертвецов на верхушках деревьев
the Sun, who is their god, slays their buried
Солнце, которое является их богом, убивает их погребенных
so they live in dark caverns

поэтому они живут в темных пещерах
And on our journey we fought with the Krimnians
И в нашем путешествии мы сражались с кримнянами
the folk of the Krimnians worship a crocodile
народ кримнийцев поклоняется крокодилу
they give the crocodile earrings of green glass
Дарят крокодилу серьги из зеленого стекла
they feed the crocodile with butter and fresh fowls
Кормят крокодила маслом и свежей птицей
we fought with the Agazonbae, who are dog-faced
мы воевали с Агазонбае, у которых собачьи морды
and we fought with the Sibans, who have horses' feet
и мы воевали с сибанцами, у которых лошадиные ноги
and they can run swifter than the fastest horses
И они могут бегать быстрее самых быстрых лошадей

A third of our army died in battle
Треть нашей армии погибла в бою
a third of our army died from want of food
треть нашей армии погибла от недостатка продовольствия
The rest of our army murmured against me
Остальная наша армия роптала на меня
they said that I had brought them an evil fortune
они говорили, что я принес им злую судьбу
I took an adder from beneath a stone
Я вытащил гадюку из-под камня
and I let the adder bite my hand
и я позволил гадюке укусить меня за руку
When they saw I did not sicken they grew afraid
Когда они увидели, что я не заболел, они испугались
In the fourth month we reached the city of Illel
На четвертом месяце мы достигли города Иллель
It was night time when we reached the city
Была ночь, когда мы добрались до города
we arrived at the grove outside the city walls
Мы прибыли в рощу за городскими стенами

the air in the city was sultry
Воздух в городе был душным
because the Moon was travelling in Scorpion
потому что Луна путешествовала в Скорпионе
We took the ripe pomegranates from the trees
Мы сняли спелые гранаты с деревьев
and we broke them, and drank their sweet juices
Мы преломляли их и пили их сладкие соки
Then we laid down on our carpets
Потом мы легли на ковры
and we waited for the dawn to come
И мы ждали, когда наступит рассвет
At dawn we rose and knocked at the gate of the city
На рассвете мы встали и постучали в городские ворота
the gate was wrought out of red bronze
Ворота были выкованы из красной бронзы
and the gate had carvings of sea-dragons
На воротах были вырезаны морские драконы
The guards looked down from the battlements
Стражники смотрели вниз с зубчатых стен
and they asked us what our intentions were
И они спросили нас, каковы наши намерения
The interpreter of the caravan answered
Переводчик каравана ответил
we said we had come from the land of Syria
Мы сказали, что пришли из земли Сирии
and we told him we had many merchandise
И мы сказали ему, что у нас много товаров
They took some of us as hostages
Некоторых из нас они взяли в заложники
and they told us they would open the gate at noon
И они сказали нам, что откроют ворота в полдень
when it was noon they opened the gate
Когда был полдень, они отворили ворота
when we entered the people came out of the houses
Когда мы вошли, люди вышли из домов

they came in order to look at us
Они пришли посмотреть на нас
and a town crier went around the city
И глашатай ходил по городу
he made announcements of our arrival through a shell
Он объявил о нашем прибытии через снаряд
We stood in the market-place of the medina
Мы стояли на рыночной площади Медины
and the servants uncorded the bales of cloths
Слуги развязали тюки тряпок
they opened the carved chests of sycamore
Они открыли резные сундуки из платана
Then merchants set forth their strange wares
Тогда купцы выставили свои странные товары
waxed linen from Egypt, painted linen from the Ethiops
вощеный лен из Египта, расписной лен из эфиопов
purple sponges from Tyre, cups of cold amber
фиолетовые губки из Тира, чашки из холодного янтаря
fine vessels of glass, and curious vessels of burnt clay
прекрасные сосуды из стекла и любопытные сосуды из обожженной глины
From the roof of a house a company of women watched us
С крыши дома за нами наблюдала группа женщин
One of them wore a mask of gilded leather
Один из них носил маску из позолоченной кожи

on the first day the Priests came and bartered with us
в первый же день пришли священники и торговались с нами
On the second day the nobles came and bartered with us
На второй день пришли дворяне и торговались с нами
on the third day the craftsmen came and bartered with us
На третий день пришли мастера и торговались с нами
all of them brought their slaves to us
Все они привели к нам своих рабов
this is their custom with all merchants

Таков их обычай со всеми купцами
we waited for the moon to come
Мы ждали, когда взойдет луна
when the moon was waning I wandered away
когда луна клонилась к закату, я ушел
I wondered through the streets of the city
Я бродил по улицам города
and I came to the garden of the city's God
и пришел я в сад Бога города
The Priests in their yellow robes moved silently
Жрецы в желтых одеждах двигались молча
they moved through the green trees
Они двигались сквозь зеленые деревья
There was a pavement of black marble
Там была мостовая из черного мрамора
and on this pavement stood a rose-red house
И на этой мостовой стоял розово-красный дом
this was the house in which the God was dwelling
это был дом, в котором обитал Бог
its doors were of powdered lacquer
Его двери были покрыты порошковым лаком
and bulls and peacocks were wrought on the doors
На дверях были выкованы быки и павлины
and the doors were polished with gold
и двери были начищены золотом
The tiled roof was of sea-green porcelain
Черепичная крыша была из фарфора цвета морской волны
and the jutting eaves were festooned with little bells
А выступающие карнизы были украшены колокольчиками
When the white doves flew past they struck the bells
Когда белые голуби пролетали мимо, они били в колокола
they struck the bells with their wings
Они ударяли крыльями в колокола
and the doves made the bells tinkle

И голуби заставляли колокольчики звенеть
In front of the temple was a pool of clear water
Перед храмом был бассейн с чистой водой
the pool was paved with veined onyx
Бассейн был вымощен прожилками оникса
I laid down beside the water of the pool
Я лег у воды бассейна
and with my pale fingers I touched the broad leaves
и бледными пальцами коснулся широких листьев
One of the Priests came towards me
Один из жрецов подошел ко мне
and the priest stood behind me
А священник стоял позади меня
He had sandals on his feet
На ногах у него были сандалии
one sandal was of soft serpent-skin
Одна сандалия была из мягкой змеиной кожи
and the other sandal was of birds' plumage
а другая сандалия была из птичьего оперения
On his head was a mitre of black felt
На голове у него была митра из черного войлока
and it was decorated with silver crescents
и он был украшен серебряными полумесяцами
Seven kinds of yellow were woven into his robe
В его мантию было вплетено семь видов желтого цвета
and his frizzed hair was stained with antimony
и его вьющиеся волосы были испачканы сурьмой

After a little while he spoke to me
Через некоторое время он заговорил со мной
finally, he asked me my desire
Наконец, он спросил меня, чего я хочу
I told him that my desire was to see their god
Я сказал ему, что хочу увидеть их бога
He looked strangely at me with his small eyes

Он странно посмотрел на меня своими маленькими глазками

"The god is hunting," said the Priest

— Бог охотится, — сказал жрец

I did not accept the answer of the priest

Я не принял ответ священника

"Tell me in what forest and I will ride with him"

«Скажи мне, в каком лесу, и я поеду с ним»

his finger nails were long and pointed

Ногти у него были длинные и заостренные

he combed out the soft fringes of his tunic

Он расчесал мягкую бахрому туники

"The god is asleep," he murmured

— Бог спит, — пробормотал он

"Tell me on what couch, and I will watch over him"

«Скажи мне, на каком диване, и я буду присматривать за ним»

"The god is at the feast" he cried

«Бог на пиру», — воскликнул он

"If the wine be sweet, I will drink it with him"

«Если вино будет сладким, я буду пить его с ним»

"and if the wine be bitter, I will drink it with him also"

"И если вино будет горьким, то и я буду пить его с ним"

He bowed his head in wonder

Он склонил голову в изумлении

then he took me by the hand

Потом он взял меня за руку

and raised me up onto my feet

и поднял меня на ноги

and he led me into the temple

И он ввел меня в храм

In the first chamber I saw an idol

В первой комнате я увидел идола

This idol was seated on a throne of jasper

Этот идол восседал на троне из яшмы

the idol was bordered with great orient pearls
Идол был окаймлен большим восточным жемчугом
and on its forehead was a great ruby
и на лбу у него был большой рубин
the idol was of a man, carved out of ebony
Идол был мужским, вырезанным из черного дерева
thick oil dripped from its hair to its thighs
Густое масло капало с его волос на бедра
Its feet were red with the blood of a newly-slain lamb
Его ноги были красными от крови только что закланного ягненка
and its loins girt with a copper belt
и чресла его опоясаны медным поясом
copper that was studded with seven beryls
медь, усыпанная семью бериллами
And I said to the Priest, "Is this the god?"
И я спросил священника: «Это бог?»
And he answered me, "This is the god"
И он ответил мне: "Это бог"
"Show me the god," I cried, "or I will slay thee"
«Покажи мне бога, — закричал я, — или я убью тебя».
I touched his hand and it withered
Я дотронулся до его руки, и она засохла
"Let my lord heal his servant," he begged me
«Пусть мой господин исцелит своего слугу», — умолял он меня
"heal his servant and I will show him the God"
«исцели раба его, и Я покажу ему Бога»
So I breathed with my breath upon his hand
И я дышал своим дыханием на его руку
when I did this his hand became whole again
когда я сделал это, его рука снова стала целой
and the priest trembled with fear
И священник затрепетал от страха
Then he led me into the second chamber
Затем он повел меня во вторую комнату

in this chamber I saw another idol
в этой комнате я увидел другого идола
The idol was standing on a lotus of jade
Идол стоял на нефритовом лотосе
the lotus hung with great emeralds
Лотос увешан огромными изумрудами
and the lotus was carved out of ivory
И лотос был вырезан из слоновой кости
its stature was twice the stature of a man
Его рост был в два раза больше человеческого роста
On its forehead was a great chrysolite
На лбу у него был огромный хризолит
its breasts were smeared with myrrh and cinnamon
Его груди были вымазаны миррой и корицей
In one hand it held a crooked sceptre of jade
В одной руке он держал кривой скипетр из нефрита
and in the other hand it held a round crystal
а в другой руке он держал круглый кристалл
and its thick neck was circled with selenites
и толстая шея его была обвита селенитами
I asked the Priest, "Is this the god?"
Я спросил священника: «Это бог?»
he answered me, "This is the god"
Он ответил мне: «Это бог»
"Show me the god," I cried, "or I will slay thee"
«Покажи мне бога, — закричал я, — или я убью тебя».
And I touched his eyes and they became blind
Я прикоснулся к его глазам, и они ослепли.
And the Priest begged me for mercy
И священник умолял меня о пощаде
"Let my lord heal his servant"
«Пусть господин мой исцелит раба своего»
"heal me and I will show him the God"
«исцели меня, и я покажу ему Бога»
So I breathed with my breath upon his eyes
И я дышал своим дыханием на его глаза

and the sight came back to his eyes
И это зрелище вернулось к его глазам
He trembled with fear again
Он снова дрожал от страха
and then he led me into the third chamber
А потом он повел меня в третью комнату

There was no idol in the third chamber
В третьей комнате не было идола
there were no images of any kind
Никаких изображений не было
all there was in the room was a mirror
Все, что было в комнате, это зеркало
the mirror was made of round metal
Зеркало было изготовлено из круглого металла
the mirror was set on an altar of stone
Зеркало было поставлено на каменный алтарь
I said to the Priest, "Where is the god?"
Я спросил жреца: «Где бог?»
he answered me, "There is no god but this mirror
Он ответил мне: «Нет бога, кроме этого зеркала
because this is the Mirror of Wisdom
потому что это Зеркало Мудрости
It reflects all things that are in heaven
Она отражает все, что находится на небесах
and it reflects all things that are on earth
И она отражает все, что есть на земле
except for the face of him who looketh into it
кроме лица того, кто вглядывается в него
him who looketh into it it reflects not
Того, кто смотрит в нее, она не отражает
so he who looketh into the mirror will become wise
И тот, кто посмотрит в зеркало, станет мудрым
there are many other mirrors in the world
В мире есть много других зеркал
but they are mirrors of opinion

Но они зеркала мнений
This is the only mirror that shows Wisdom
Это единственное зеркало, которое показывает Мудрость
those who possess this mirror know everything
Те, кто владеет этим зеркалом, знают все
There isn't anything that is hidden from them
От них ничего не скрывается
And those who don't possess the mirror don't have Wisdom
А те, у кого нет зеркала, не обладают Мудростью
Therefore this mirror is the God
Следовательно, это зеркало и есть Бог
and that is why we worship this mirror
И именно поэтому мы поклоняемся этому зеркалу
And I looked into the mirror
И я посмотрел в зеркало
and it was as he had said to me
И было так, как он сказал мне

And then I did a strange thing
И тут я сделал странную вещь
but what I did matters not
но то, что я сделал, не имеет значения
There a valley that is but a day's journey from here
Вот долина, которая находится всего в дне пути отсюда
in this valley I have hidden the Mirror of Wisdom
в этой долине я спрятал Зеркало Мудрости
Allow me to enter into thee again
Позволь мне снова войти в Тебя
accept me and thou shalt be wiser than all the wise men
Прими меня, и ты будешь мудрее всех мудрецов
let me enter into thee and none will be as wise as thou
Позволь мне войти в тебя, и никто не будет так мудр, как ты
But the young Fisherman laughed
Но молодой Рыбак рассмеялся
"Love is better than Wisdom"

«Любовь лучше мудрости»
"The little Mermaid loves me"
«Русалочка любит меня»
"But there is nothing better than Wisdom" said the Soul
— Но нет ничего лучше Мудрости, — сказала Душа
"Love is better," answered the young Fisherman
— Любовь лучше, — ответил молодой Рыбак
and he plunged into the deep sea
и он погрузился в пучину моря
and the Soul went weeping away over the marshes
И Душа пошла рыдать над болотами,

After the Second Year
После второго года

it had been two years since he had cast his soul away
Прошло два года с тех пор, как он отверг свою душу
the Soul came back to the shore of the sea
Душа вернулась на берег моря
and the Soul called to the young Fisherman
и Душа воззвала к молодому Рыбаку
the young Fisherman rose back out of the sea
Молодой Рыбак поднялся из моря
he asked his soul, "Why dost thou call me?"
Он спросил свою душу: «Зачем ты зовешь меня?»
And the Soul answered, "Come nearer"
И Душа ответила: "Подойди ближе"
"come nearer, so that I may speak with thee"
«Подойди ближе, чтобы Я мог говорить с тобою»
"I have seen marvellous things"
«Я видел дивные вещи»
So the young Fisherman came nearer to his soul
И юный Рыбак приблизился к своей душе
and he couched in the shallow water
И он залег на мелководье
and he leaned his head upon his hand
И он положил голову на руку свою
and he listened to his Soul
и он прислушался к своей Душе
and his Soul spoke to him
и его Душа говорила с ним

When I left thee I turned my face to the South
Когда я ушел от тебя, я повернулся лицом к югу
From the South cometh everything that is precious
С юга приходит все драгоценное
Six days I journeyed along the dusty paths
Шесть дней я путешествовал по пыльным тропинкам

and the paths led to the city of Ashter
и тропинки вели в город Аштер
ways by which the pilgrims are wont to go
Пути, по которым обычно ходят паломники
on the morning of the seventh day I lifted up my eyes
Утром седьмого дня я поднял глаза мои
and lo! the city of Ashter lay at my feet
И о чудо! город Аштер лежал у моих ног
because the city of Ashter is in a valley
потому что город Аштер находится в долине
There are nine gates around this city
Вокруг этого города девять ворот
in front of each gate stands a bronze horse
Перед каждыми воротами стоит бронзовый конь
the horses neigh when the Bedouins come from the mountains
лошади ржат, когда бедуины приходят с гор
The walls of the city are cased with copper
Стены города облицованы медью
the watch-towers on the walls are roofed with brass
Сторожевые башни на стенах покрыты латунью
In every tower along the wall stands an archer
В каждой башне вдоль стены стоит лучник
and each archer has a bow in his hand
и у каждого лучника в руке лук
At sunrise he strikes a gong with an arrow
На восходе солнца он ударяет стрелой в гонг
and at sunset he blows through a horn
А на закате он трубит в рог
when I sought to enter the guards stopped me
когда я попытался войти, стража остановила меня
and the guards asked of me who I was
и стражники спросили меня, кто я такой
I made answer that I was a Dervish
Я ответил, что я дервиш
I said I was on my way to the city of Mecca

Я сказал, что еду в Мекку
in Mecca there was a green veil
в Мекке была зеленая вуаль
the Koran was embroidered with silver letters on it
На нем серебряными буквами был вышит Коран
it was embroidered by the hands of the angels
Она была вышита руками ангелов
the guards were filled with wonder at what I told them
Охранники были поражены тем, что я им сказал
and they entreated me to enter the city
Они умоляли меня войти в город
Inside the city there was a bazaar
Внутри города был базар
Surely thou should'st have been with me
Конечно, ты должен был быть со мной
in the narrow streets the happy paper lanterns flutter
На узких улочках трепещут счастливые бумажные фонарики
they flutter like large butterflies
Они порхают, как большие бабочки
When the wind blows they rise and fall like bubbles
Когда дует ветер, они поднимаются и опускаются, как пузыри
In front of their booths sit the merchants
Перед своими киосками сидят торговцы
every merchant sits on their silken carpets
Каждый купец сидит на своих шелковых коврах
They have long straight black beards
У них длинные прямые черные бороды
and their turbans are covered with golden sequins
а их тюрбаны покрыты золотыми пайетками
they hold strings of amber and carved peach-stones
Они держат нити янтаря и резные персиковые косточки
and they glide them through their cool fingers
и они скользят ими по своим прохладным пальцам
Some of them sell galbanum and nard

Некоторые из них продают гальбанум и нард
some sell perfumes from the islands of the Indian Sea
некоторые продают духи с островов Индийского моря
and they sell the thick oil of red roses and myrrh
И они продают густое масло красных роз и мирры
and they sell little nail-shaped cloves
И они продают маленькие гвоздики в форме гвоздя
When one stops to speak to them they light frankincense
Когда кто-то останавливается, чтобы поговорить с ними, они зажигают ладан
they throw pinches of it upon a charcoal brazier
Они бросают щепотки его на угольную жаровню
and it makes the air sweet
И это делает воздух сладким
I saw a Syrian who held a thin rod
Я видел сирийца, который держал в руках тонкий прут
grey threads of smoke came from the rod
Из стержня исходили серые нити дыма
and its odour was like the odour of the pink almonds
и запах его был подобен запаху розового миндаля
Others sell silver bracelets embossed with turquoise stones
Другие продают серебряные браслеты с тиснением бирюзовых камней
and anklets of brass wire fringed with little pearls
и ножные браслеты из латунной проволоки, окаймленные мелким жемчугом
and tigers' claws set in gold
и когти тигров, оправленные в золото
and the claws of that gilt cat
И когти той позолоченной кошки
the the claws of leopards, also set in gold
когти леопардов, также оправленные в золото
and earrings of pierced emerald
и серьги из проколотого изумруда
and finger-rings of hollowed jade
и перстни на пальцах из выдолбленного нефрита

From the tea-houses came the sound of the guitar
Из чайхан доносились звуки гитары
and the opium-smokers were in the tea-houses
а курильщики опиума были в чайханах
their white smiling faces look out at the passers-by
Их белые улыбающиеся лица смотрят на прохожих
thou truly should'st have been with me
Ты действительно должен был быть со мной
The wine-sellers elbow their way through the crowd
Продавцы вина пробираются сквозь толпу
with great black skins on their shoulders
с огромными черными шкурами на плечах
Most of them sell the wine of Schiraz
Большинство из них продают вино Шираза
the wine of Schiraz is as sweet as honey
вино Шираза сладко, как мед
They serve it in little metal cups
Подают его в маленьких металлических стаканчиках
In the market-place stand the fruit sellers
На рыночной площади стоят продавцы фруктов
the fruit sellers sell all kinds of fruit
Продавцы фруктов продают все виды фруктов
ripe figs, with their bruised purple flesh
спелый инжир с помятой пурпурной мякотью
melons, smelling of musk and yellow as topazes
дыни, пахнущие мускусом и желтыми, как топазы,
citrons and rose-apples and clusters of white grapes
цитроны, розовые яблоки и гроздья белого винограда
round red-gold oranges and oval lemons of green gold
круглые красно-золотые апельсины и овальные лимоны зеленого золота
Once I saw an elephant go by the fruit sellers
Однажды я видел, как слон проходил мимо продавцов фруктов
Its trunk was painted with vermilion and turmeric
Его ствол был раскрашен киноварью и куркумой

and over its ears it had a net of crimson silk cord
На ушах у него была сетка из малинового шелкового шнура
It stopped opposite one of the booths
Он остановился напротив одной из будок
and the elephant began eating the oranges
И слон начал есть апельсины
instead of getting angry, the man only laughed
Вместо того, чтобы рассердиться, мужчина только рассмеялся
Thou canst not think how strange a people they are
Ты не можешь себе представить, какой это странный народ
When they are glad they go to the bird-sellers
Когда они радуются, они идут к продавцам птиц
they go to them to buy a caged bird
Они идут к ним, чтобы купить птицу в клетке
and they set the bird free to increase their joy
И они выпустили птицу на свободу, чтобы увеличить свою радость
and when they are sad they scourge themselves with thorns
А когда им грустно, они бичуют себя терниями
so that their sorrow may not grow less
чтобы скорбь их не уменьшилась

One evening I met some slaves
Однажды вечером я встретил рабов
they were carrying a heavy palanquin through the bazaar
Они несли по базару тяжелый паланкин
It was made of gilded bamboo
Он был сделан из позолоченного бамбука
and the poles were of vermilion lacquer
и жерди были из киноварного лака
it was studded with brass peacocks
Он был усеян латунными павлинами
Across the windows hung thin curtains

На окнах висели тонкие занавески
the curtains were embroidered with beetles' wings
Занавески были расшиты крыльями жуков
and they were lined with tiny seed-pearls
и они были выстланы крошечными жемчужинами-семенами
and as it passed by a pale-faced Circassian smiled at me
и когда он проходил мимо, бледнолицый черкес улыбнулся мне
I followed behind bearers of the palanquin
Я последовал за носильщиками паланкина
and the slaves hurried their steps and scowled
Рабы ускорили шаги и нахмурились
But I did not care if they scowled
Но мне было все равно, что они хмурятся
I felt a great curiosity come over me
Я почувствовал, как меня охватило большое любопытство
At last they stopped at a square white house
Наконец они остановились у квадратного белого дома
There were no windows to the house
Окон в доме не было
all the house had was a little door
Все, что было в доме, это маленькая дверь
and the door was like the door of a tomb
И дверь была подобна двери гробницы
They set down the palanquin at the house
Они поставили паланкин у дома
and they knocked three times with a copper hammer
и трижды постучали медным молотом
An Armenian in a green leather caftan peered through the wicket
В калитку выглянул армянин в зеленом кожаном кафтане
and when he saw them he opened the door
и, увидев их, отворил дверь
he spread a carpet on the ground and the woman stepped out

Он расстелил на земле ковер, и женщина вышла
As she went in she turned round and smiled at me again
Войдя, она обернулась и снова улыбнулась мне
I had never seen anyone so pale
Я никогда не видел никого таким бледным
When the moon rose I returned to the same place
Когда взошла луна, я вернулся на то же место
and I sought for the house, but it was no longer there
Я искал дом, но его уже не было
When I saw that I knew who the woman was
Когда я увидел это, я понял, кто эта женщина
and I knew why she had smiled at me
и я понял, почему она улыбнулась мне
Certainly, thou should'st have been with me
Конечно, ты должен был быть со мной

There was a feast of the New Moon
Был праздник новолуния
the young Emperor came forth from his palace
молодой император вышел из своего дворца
and he went into the mosque to pray
И он пошел в мечеть, чтобы помолиться
His hair and beard were dyed with rose-leaves
Его волосы и борода были выкрашены розовыми листьями
and his cheeks were powdered with a fine gold dust
и щеки его были напудрены мелкой золотой пылью
The palms of his feet and hands were yellow with saffron
Ладони его ног и рук были желтыми от шафрана
At sunrise he went forth from his palace
На восходе солнца он вышел из своего дворца
he was dressed in a robe of silver
Он был одет в серебряную мантию
and at sunset he returned again
И на закате солнца он снова вернулся
then he was dressed in a robe of gold

Затем он был одет в золотую мантию
The people flung themselves on the ground
Люди бросились на землю
they hid their faces, but I would not do so
они прятали свои лица, но я не хотел этого делать
I stood by the stall of a seller of dates and waited
Я стоял у прилавка продавца фиников и ждал
When the Emperor saw me he raised his painted eyebrows
Увидев меня, император поднял накрашенные брови
and he stopped to observe me
И он остановился, чтобы посмотреть на меня
I stood quite still and made him no obeisance
Я стоял совершенно неподвижно и не поклонился ему
The people marvelled at my boldness
Народ дивился моей смелости
they counselled me to flee from the city
Они посоветовали мне бежать из города
but I paid no heed to their warnings
но я не внял их предостережениям
instead, I went and sat with the sellers of strange gods
вместо этого я пошел и посидел с продавцами чужих богов
by reason of their craft they are abominated
Из-за своего ремесла они отвратительны
When I told them what I had done each of them gave me an idol
Когда я рассказал им о том, что я сделал, каждый из них дал мне идола
and they prayed me to leave them
и они умоляли меня оставить их

That night I was in the Street of Pomegranates
В тот вечер я был на Улице Гранатов
I was in a tea-house and I laid on a cushion
Я был в чайхане и лежал на подушке
the guards of the Emperor entered and led me to the palace

гвардия императора вошла и повела меня во дворец
As I went in they closed each door behind me
Когда я вошел, они закрыли за мной все двери
and they put a chain across each door
И повесили цепь поперек каждой двери
Inside the palace there was a great courtyard
Внутри дворца был большой двор
The walls of the courtyard were of white alabaster
Стены двора были из белого алебастра
the alabaster was decorated with blue and green tiles
Алебастр был украшен синими и зелеными изразцами
and the pillars were of green marble
Колонны были из зеленого мрамора
and the pavement was of peach-blossom marble
Мостовая была из персикового мрамора
I had never seen anything like it before
Я никогда раньше не видел ничего подобного
As I passed the courtyard two veiled women were on a balcony
Когда я проходил мимо двора, на балконе стояли две женщины в чадрах
they looked down from their balcony and cursed me
Они смотрели вниз со своего балкона и проклинали меня
The guards hastened on through the courtyard
Стража поспешила через двор
the butts of the lances rang upon the polished floor
Обухи копий стучали по полированному полу
They opened a gate of wrought ivory
Они открыли ворота из кованой слоновой кости
I found myself in a watered garden of seven terraces
Я очутился в орошаемом саду с семью террасами
The garden was planted with tulip-cups and moon-flowers
Сад был засажен тюльпанолюбивыми и лунными цветами
a fountain hung in the dusky air like a slim reed of crystal
фонтан висел в сумеречном воздухе, как тонкая трость из хрусталя

The cypress-trees were like burnt-out torches
Кипарисы были похожи на догоревшие факелы
From one of the trees a nightingale was singing
С одного из деревьев пел соловей
At the end of the garden stood a little pavilion
В конце сада стоял небольшой павильон
while we approached the pavilion two eunuchs came out
Когда мы подошли к павильону, из него вышли два евнуха
Their fat bodies swayed as they walked
Их толстые тела покачивались при ходьбе
and they glanced curiously at me
И они с любопытством посмотрели на меня
One of them drew aside the captain of the guard
Один из них отвел в сторону начальника караула
and in a low voice the eunuch whispered to him
И вполголоса евнух прошептал ему
The other kept munching scented pastilles
Другой продолжал жевать ароматные пастилки
these he took out of an oval box of lilac enamel
Он вынул их из овальной коробки с сиреневой эмалью
soon after the captain of the guard dismissed the soldiers
Вскоре после этого капитан гвардии распустил солдат
The soldiers went back to the palace
Солдаты вернулись во дворец
the eunuchs followed behind the guards, but slowly
Евнухи следовали за стражей, но медленно
and they plucked the sweet mulberries from the trees
И сорвали с деревьев сладкую шелковицу
at one time the older eunuch turned round
В какой-то момент старший евнух обернулся
and he smiled at me with an evil smile
И он улыбнулся мне злой улыбкой
Then the captain of the guards motioned me forwards
Затем начальник стражи жестом пригласил меня вперед
I walked to the entrance without trembling
Я шел ко входу, не дрожа

I drew the heavy curtain aside, and entered
Я отодвинул тяжелую занавеску и вошел
The young Emperor was stretched on a couch
Молодой император растянулся на кушетке
the couch was covered in dyed lion skins
Кушетка была покрыта крашеными львиными шкурами
and a falcon was perched upon his wrist
и сокол сидел у него на запястье
Behind him stood a brass-turbaned Nubian
Позади него стоял нубиец в медном тюрбане
he was naked down to the waist
Он был обнажен до пояса
he had heavy earrings in his split ears
У него были тяжелые серьги в рассеченных ушах
On a table by the side lay a mighty scimitar of steel
На столе рядом лежал могучий стальной ятаган
When the Emperor saw me he frowned
Когда император увидел меня, он нахмурился
he asked me, "What is thy name?"
Он спросил меня: «Как тебя зовут?»
"Knowest thou not that I am Emperor of this city?"
"Разве ты не знаешь, что я император этого города?"
But I made him no answer to his question
Но я не дал ему ответа на его вопрос
He pointed with his finger at the scimitar
Он указал пальцем на ятаган
the Nubian seized the scimitar, ready to fight
Нубиец схватил ятаган, готовый к бою
rushing forward he struck at me with great violence
Бросившись вперед, он ударил меня с большой силой
The blade whizzed through me and did me no hurt
Лезвие со свистом пронеслось сквозь меня и не причинило мне никакого вреда
The man fell sprawling on the floor
Мужчина упал на пол
when he rose up his teeth chattered with terror

Когда он поднялся, его зубы застучали от ужаса
and he hid behind the couch
И он спрятался за диван
The Emperor leapt to his feet
Император вскочил на ноги
he took a lance from a stand and threw it at me
Он взял с подставки копье и метнул его в меня
I caught it in its flight
Я поймал его в полете
I broke the shaft into two pieces
Я сломал вал на две части
then he shot at me with an arrow
Затем он выстрелил в меня стрелой
but I held up my hands as it came to me
но я поднял руки, когда оно дошло до меня
and I stopped the arrow in mid-air
и я остановил стрелу в воздухе
Then he drew a dagger from a belt of white leather
Затем он вытащил кинжал из-за пояса из белой кожи
and he stabbed the Nubian in the throat
и он пронзил нубийца ножом в горло
so that the the slave would not tell of his dishonour
чтобы раб не рассказывал о своем бесчестии
The man writhed like a trampled snake
Человек извивался, как растоптанная змея
and a red foam bubbled from his lips
и красная пена хлынула с его губ
As soon as he was dead the Emperor turned to me
Как только он умер, император обратился ко мне
he took out a little napkin of purple silk
Он достал маленькую салфетку из пурпурного шелка
and he had wiped away the bright sweat from his brow
и он вытер пот со лба своего
he said to me, "Art thou a prophet?"
Он сказал мне: "Ты ли пророк?"
"is it that I may not harm thee?"

— Не для того ли, чтобы не причинить тебе вреда?
"or are you the son of a prophet?"
— Или ты сын пророка?
"and is it that can I do thee no hurt?"
— Неужели я не могу причинить тебе вреда?
"I pray thee leave my city tonight"
«Умоляю тебя, покинь мой город сегодня вечером»
"while thou art in my city I am no longer its lord"
«Пока ты в городе моем, я уже не господин ему»
And this time I answered his question
И на этот раз я ответил на его вопрос
"I will leave they city, for half of thy treasure"
«Я покину их город за половину сокровищ твоих»
"Give me half of thy treasure and I will go away"
«Отдай мне половину сокровища твоего, и я уйду»
"He took me by the hand and led me into the garden"
«Он взял меня за руку и повел в сад»
"When the captain of the guard saw me he wondered"
«Когда начальник стражи увидел меня, он удивился»
"When the eunuchs saw me their knees shook"
«Когда евнухи увидели меня, у них задрожали колени»
"and they fell upon the ground in fear"
"И пали на землю в страхе"

There is a special chamber in the palace
Во дворце есть специальная комната
the chamber has eight walls of red porphyry
Камера имеет восемь стен из красного порфира
and it has a brass-scaled ceiling hung with lamps
И у него есть латунный потолок, увешанный лампами
The Emperor touched one of the walls and it opened
Император прикоснулся к одной из стен, и она открылась
we passed down a corridor that was lit with many torches
Мы прошли по коридору, освещенному множеством факелов
In niches upon each side stood great wine-jars

В нишах по обеим сторонам стояли большие кувшины для вина
the wine-jars were filled to the brim with silver pieces
Кувшины с вином были доверху наполнены серебряными монетами
soon we reached the centre of the corridor
Вскоре мы добрались до середины коридора
the Emperor spoke the word that may not be spoken
Император сказал слово, которое не может быть произнесено
a granite door swung back on a secret spring
Гранитная дверь распахнулась на потайной пружине
and he put his hands before his face
И он приложил руки к лицу Своему
so that he would not be dazzled
чтобы он не был ослеплен
Thou would not have believed how marvellous a place it was
Ты бы не поверил, какое это чудесное место
There were huge tortoise-shells full of pearls
Там были огромные черепаховые панцири, полные жемчуга
and there were hollowed moonstones of great size
Там были выдолбленные лунные камни огромных размеров
the moonstones were piled up with red rubies
Лунные камни были усыпаны красными рубинами
The gold was stored in coffers of elephant-hide
Золото хранилось в сундуках из слоновьих шкур
and there was gold-dust in leather bottles
и была золотая пыль в кожаных бутылках
There were more opals and sapphires than I could count
Опалов и сапфиров было больше, чем я мог сосчитать
the many opals were kept in cups of crystal
Множество опалов хранилось в хрустальных чашах
and the sapphires were kept in cups of jade

и сапфиры хранились в чашах из нефрита
Round green emeralds were arranged in order
Круглые зеленые изумруды были расположены по порядку
they were laid out upon thin plates of ivory
Они были выложены на тонких пластинах из слоновой кости
in one corner were silk bags full of turquoise-stones
В одном углу стояли шелковые мешочки, набитые бирюзовыми камнями
and others bags were filled with beryls
а другие мешки были наполнены бериллами
The ivory horns were heaped with purple amethysts
Рога из слоновой кости были усыпаны пурпурными аметистами
and the horns of brass were heaped with chalcedony and sard stones
Медные рога были усыпаны халцедоном и камнями сарды
The pillars holding the ceiling were made of cedar
Колонны, поддерживающие потолок, были сделаны из кедра
they were hung with strings of yellow lynx-stones
Они были увешаны нитями из желтых рысьих камней
In the flat oval shields there were carbuncles
В плоских овальных щитках располагались карбункулы
they were wine-coloured, and coloured like grass
Они были цвета вина и цвета, как трава
And yet I have told thee but a fraction of what was there
И все же я рассказал тебе лишь малую часть того, что там было

The Emperor took away his hands from his face
Император отвел руки от лица
he said to me, "this is my house of treasure"
Он сказал мне: "Это Мой дом сокровищ"
half of what is in this house is thine

Половина того, что в этом доме, принадлежит тебе
this is as I promised to thee
это то, что я обещал тебе
And I will give thee camels and camel drivers
И дам тебе верблюдов и погонщиков верблюдов
and the camel drivers shall do thy bidding
и погонщики верблюдов будут исполнять твои повеления
please, take thy share of the treasure
Пожалуйста, возьми свою долю сокровища
take it to whatever part of the world thou desirest
Возьми его с собой в любую часть мира, какую пожелаешь
But the thing shall be done tonight
Но это будет сделано сегодня вечером
because, as you know, the sun is my father
Потому что, как вы знаете, солнце – мой отец
he must not see a man in the city that I cannot slay
он не должен видеть в городе человека, которого я не могу убить.
But I answered him, "The gold that is here is thine"
Но я ответил ему: «Золото, которое здесь, твое»
"and the silver that is here also is thine"
"И серебро, которое здесь, тоже твое"
"and thine are the precious jewels and opals"
"И драгоценные камни и опалы твои"
"As for me, I have no need of these treasures"
«Что касается меня, то я не нуждаюсь в этих сокровищах»
"I shall not take anything from thee"
«Я ничего у тебя не возьму»
"but I will take the little ring that thou wearest"
"Но я возьму колечко, которое ты носишь"
"it is on the finger of thy hand"
«Это на персте руки твоей»
when I said this the Emperor frowned
когда я сказал это, император нахмурился
"It is but a ring of lead," he cried
— Это всего лишь свинцовое кольцо, — воскликнул он

"a simple ring has no value for you"
«Простое кольцо для вас ничего не стоит»
"take thy half of the treasure and go from my city"
«Возьми половину сокровища твоего и выйди из города моего»
"Nay" I answered, "it is what I want"
«Нет, — ответил я, — это то, чего я хочу»
"I will take nought but that lead ring"
«Я не возьму ничего, кроме этого свинцового кольца»
"for I know what is written within it"
"ибо знаю, что написано в нем"
"and I know for what purpose it is"
"и я знаю, с какой целью"
And the Emperor trembled in fear
И император дрожал от страха
he besought me and said, "Take all the treasure"
Он взмолился ко мне и сказал: «Возьми все сокровища»
"take all the treasure and go from my city"
«Возьми все сокровища и уходи из моего города»
"The half that is mine shall be thine also"
"Половина Моя будет и Твоей"

And I did a strange thing
И я сделал странную вещь
but what I did matters not
но то, что я сделал, не имеет значения
because there is a cave that is but a day's journey from here
потому что есть пещера, которая находится всего в дне пути отсюда
in that cave I have hidden the Ring of Riches
в этой пещере я спрятал Кольцо Богатства
in this cave the ring of riches waits for thy coming
В этой пещере Кольцо Богатства ожидает твоего пришествия
He who has this Ring is richer than all the kings of the world

Тот, у кого есть это кольцо, богаче всех царей мира
Come and take it, and the world's riches shall be thine
Приди и возьми его, и богатства мира будут твоими
But the young Fisherman laughed, "love is better than riches"
Но молодой Рыбак рассмеялся: «Любовь лучше богатства»
"and the little Mermaid loves me," he added
— И Русалочка любит меня, — добавил он
"Nay, but there is nothing better than riches," said the Soul
— Нет, но нет ничего лучше богатства, — сказала Душа
"Love is better," answered the young Fisherman
— Любовь лучше, — ответил молодой Рыбак
and he plunged back into the deep waters
И он снова нырнул в глубокую воду.
and the Soul went weeping away over the marshes
И Душа пошла рыдать над болотами,

After the Third Year
После третьего года

it had been three year since he cast his soul away
Прошло три года с тех пор, как он отверг свою душу
the Soul came back to the shore of the sea
Душа вернулась на берег моря
and the Soul called to the young Fisherman
и Душа воззвала к молодому Рыбаку
the young Fisherman rose back out of the sea
Молодой Рыбак поднялся из моря
he asked his soul, "Why dost thou call me?"
Он спросил свою душу: «Зачем ты зовешь меня?»
And the Soul answered, "Come nearer"
И Душа ответила: "Подойди ближе"
"come nearer, so that I may speak with thee"
«Подойди ближе, чтобы Я мог говорить с тобою»
"I have seen marvellous things"
«Я видел дивные вещи»
So the young Fisherman came nearer to his soul
И юный Рыбак приблизился к своей душе
and he couched in the shallow water
И он залег на мелководье
and he leaned his head upon his hand
И он положил голову на руку свою
and he listened to his Soul
и он прислушался к своей Душе
and his Soul spoke to him
и его Душа говорила с ним

In a city that I know of there is an inn
В городе, который я знаю, есть постоялый двор
the inn that I speak of stands by a river
постоялый двор, о котором я говорю, стоит на берегу реки
in this inn I sat and drunk with sailors
в этом трактире я сидел и пил с матросами
sailors who drank two different coloured wines

моряки, которые выпили два вина разного цвета
and they ate bread made of barley
и ели хлеб из ячменя
and I ate salty little fish with them
и я ел с ними соленую рыбку
little fish that were served in bay leaves with vinegar
маленькая рыбка, которую подавали в лавровом листе с уксусом
while we sat and made merry an old man entered
Пока мы сидели и веселились, вошел старик
he had a leather carpet with him
С собой у него был кожаный ковер
and he had a lute that had two horns of amber
У него была лютня с двумя янтарными рогами
he laid out the carpet on the floor
Он расстелил ковер на полу
and he struck on the strings of his lute
И он ударил по струнам своей лютни
and a girl ran in and began to dance in front of us
И тут вбежала девушка и начала танцевать перед нами
Her face was veiled with a veil of gauze
Ее лицо было закрыто марлевой вуалью
and she was wearing silk, but her feet were naked
Она была одета в шелк, а ноги ее были наги
and her feet moved over the carpet like little white pigeons
И ноги ее двигались по ковру, как маленькие белые голуби
Never have I seen anything so marvellous
Никогда еще я не видел ничего столь чудесного
the city where she dances is but a day's journey from here
Город, где она танцует, находится всего в дне пути отсюда
the young Fisherman heard the words of his Soul
молодой Рыбак услышал слова своей Души
he remembered that the little Mermaid had no feet
он вспомнил, что у Русалочки нет ног
and he remembered she was unable to dance
И он вспомнил, что она не умеет танцевать

a great desire came over him to see the girl
Его охватило огромное желание увидеть девушку
he said to himself, "It is but a day's journey"
Он сказал себе: «Это всего лишь день пути»
"and then I can return to my love," he laughed
«И тогда я смогу вернуться к своей любви», — засмеялся он
he stood up in the shallow water
Он встал на мелководье
and he strode towards the shore
И он зашагал к берегу
when he had reached the dry shore he laughed again
Достигнув сухого берега, он снова рассмеялся
and he held out his arms to his Soul
и он простер руки к своей Душе
his Soul gave a great cry of joy
его Душа издала громкий крик радости
his Soul ran to meet his body
его Душа побежала навстречу его телу
and his Soul entered into back him again
и его Душа снова вошла в него
the young Fisherman became one with his shadow once more
Молодой Рыбак снова слился воедино со своей тенью
the shadow of the body that is the body of the Soul
тень тела, которая является телом Души
And his Soul said to him, "Let us not tarry"
И его Душа сказала ему: "Не будем медлить"
"but let us get going at once"
«Но давайте сейчас же пойдем в путь»
"because the Sea-gods are jealous"
«потому что морские боги завидуют»
"and they have monsters that do their bidding"
"И у них есть монстры, которые выполняют их приказы"
So they made haste to get to the city
Поэтому они поспешили добраться до города

Sin
Грех

all that night they journeyed beneath the moon
Всю эту ночь они путешествовали под луной
and all the next day they journeyed beneath the sun
И весь следующий день они шли под солнцем
on the evening of the day they came to a city
Вечером того же дня они пришли в город
the young Fisherman asked his Soul
— спросил молодой Рыбак свою Душу
"Is this the city in which she dances?"
— Это тот город, в котором она танцует?
And his Soul answered him
И его Душа ответила ему
"It is not this city, but another"
«Это не этот город, а другой»
"Nevertheless, let us enter this city"
«Тем не менее, войдем в этот город»
So they entered the city and passed through the streets
Итак, они вошли в город и прошли по улицам
they passed through the street of jewellers
Они прошли по улице ювелиров
passing through the street, the young Fisherman saw a silver cup
проходя по улице, молодой Рыбак увидел серебряную чашу
his Soul said to him, "Take that silver cup"
его Душа сказала ему: "Возьми эту серебряную чашу"
and his Soul told him to hide the silver cup
и его Душа велела ему спрятать серебряную чашу
So he took the silver cup and hid it
Он взял серебряную чашу и спрятал ее
and they went hurriedly out of the city
И они поспешно вышли из города
the young Fisherman frowned and flung the cup away

Молодой Рыбак нахмурился и отшвырнул чашку
"Why did'st thou tell me to take this cup?"
— Зачем ты велел мне взять эту чашу?
"it was an evil thing to do"
«Это было зло»
But his Soul just told him to be at peace
Но его Душа просто велела ему быть в покое

on the evening of the second day they came to a city
Вечером второго дня они пришли в город
the young Fisherman asked his Soul
— спросил молодой Рыбак свою Душу
"Is this the city in which she dances?"
— Это тот город, в котором она танцует?
And his Soul answered him
И его Душа ответила ему
"It is not this city, but another"
«Это не этот город, а другой»
"Nevertheless, let us enter this city"
«Тем не менее, войдем в этот город»
So they entered in and passed through the streets
Они вошли и пошли по улицам
they passed through the street of sandal sellers
Они прошли по улице продавцов сандалий
passing through the street, the young Fisherman saw a child
проходя по улице, молодой Рыбак увидел ребенка
the child was standing by a jar of water
Ребенок стоял у кувшина с водой
his Soul told him to smite the child
его Душа велела ему поразить ребенка
So he smote the child till it wept
И он бил дитя, пока оно не заплакало
after he had done this they went hurriedly out of the city
После того, как он это сделал, они поспешно вышли из города
the young Fisherman grew angry with his soul

молодой Рыбак рассердился на свою душу
"Why did'st thou tell me to smite the child?"
— Зачем ты велел мне ударить ребенка?
"it was an evil thing to do"
«Это было зло»
But his Soul just told him to be at peace
Но его Душа просто велела ему быть в покое

And on the evening of the third day they came to a city
Вечером третьего дня пришли они в город
the young Fisherman asked his Soul
— спросил молодой Рыбак свою Душу
"Is this the city in which she dances?"
— Это тот город, в котором она танцует?
And his Soul answered him
И его Душа ответила ему
"It may be that it is this city, so let us enter"
«Может быть, это и есть этот город, так что давайте войдем»
So they entered the city and passed through the streets
Итак, они вошли в город и прошли по улицам
but nowhere could the young Fisherman find the river
но нигде юный Рыбак не мог найти реку
and he couldn't find the inn either
И постоялого двора он тоже не мог найти
And the people of the city looked curiously at him
И жители города с любопытством смотрели на него
and he grew afraid and asked his Soul to leave
и он испугался и попросил свою Душу уйти
"she who dances with white feet is not here"
«Той, кто танцует с белыми ногами, здесь нет»
But his Soul answered "Nay, but let us rest"
Но его Душа ответила: «Нет, но отдохнем»
"because the night is dark"
«Потому что ночь темна»
"and there will be robbers on the way"

"И будут разбойники на пути"
So he sat himself down in the market-place and rested
Он сел на рыночной площади и отдохнул
after a time a hooded merchant walked past him
Через некоторое время мимо него прошел торговец в капюшоне
he had a cloak of cloth of Tartary
у него был плащ из ткани Татарии
and he carried a lantern of pierced horn
Он нес фонарь из пронзенного рога
the merchant asked the young Fisherman
— спросил купец у молодого Рыбака
"Why dost thou sit in the market-place?"
— Зачем ты сидишь на рыночной площади?
"the booths are closed and the bales corded"
«Будки закрыты, а тюки привязаны веревками»
And the young Fisherman answered him
И ответил ему молодой Рыбак
"I can find no inn in this city"
«Я не могу найти постоялого двора в этом городе»
"I have no kinsman who might give me shelter"
«У меня нет родственника, который мог бы дать мне приют»
"Are we not all kinsmen?" said the merchant
«Разве мы все не родственники?» — спросил купец
"And did not one God make us?"
— И не один ли Бог сотворил нас?
"come with me, for I have a guest-chamber"
«Пойдем со мной, потому что у меня есть комната для гостей»
So the young Fisherman rose up and followed the merchant
Тогда молодой Рыбак встал и последовал за купцом
they passed through a garden of pomegranates
Они прошли через гранатовый сад
and they entered into the house of the merchant
И вошли они в дом купца

the merchant brought him rose-water in a copper dish
Купец принес ему розовую воду в медном блюде
so that he could wash his hands
чтобы он мог вымыть руки
and he brought him ripe melons
И он принес ему спелые дыни
so that he could quench his thirst
чтобы утолить жажду
and he gave him a bowl of rice
И он дал ему миску риса
in the bowl of rice was roasted lamb
В миске с рисом лежала жареная баранина
so that he could satisfy his hunger
чтобы он мог утолить свой голод
the young Fischerman finished his meal
молодой Фишерман закончил трапезу
and he thanked the merchant for all his generousity
И он поблагодарил купца за всю его щедрость
then the merchant led him to the guest-chamber
Тогда купец повел его в комнату для гостей
and the merchant let him sleep in his chamber
и купец позволил ему спать в своей комнате
the young Fisherman gave him thanks again
Молодой Рыбак еще раз поблагодарил его
and he kissed the ring that was on his hand
И он поцеловал кольцо, которое было у него на руке
he flung himself down on the carpets of dyed goat's-hair
Он плюхнулся на ковры из крашеной козьей шерсти
And when pulled the blanket over himself he fell asleep
А когда натянул на себя одеяло, то заснул

it was three hours before dawn
До рассвета оставалось три часа
while it was still night his Soul woke him
Когда была еще ночь, его разбудила Душа
his Soul told him to rise

его Душа велела ему подняться
"Rise up and go to the room of the merchant"
«Встань и иди в комнату купца»
"go to the room in which he sleeps"
«Иди в комнату, в которой он спит»
"slay him in his sleep"
«Убейте его во сне»
"take his gold from him"
«Возьми у него золото его»
"because we have need of it"
«Потому что мы в этом нуждаемся»
And the young Fisherman rose up
И встал юный Рыбак
and he crept towards the room of the merchant
И он подкрался к комнате купца
there was a curved sword at the feet of the merchant
У ног купца лежал изогнутый меч
and there was a tray by the side of the merchant
А рядом с купцом стоял поднос
the tray held nine purses of gold
На подносе лежало девять кошельков с золотом
And he reached out his hand and touched the sword
Он протянул руку и коснулся меча
and when he touched the sword the merchant woke up
И когда он прикоснулся к мечу, купец проснулся
he leapt up and seized the sword
Он вскочил и схватил меч
"Dost thou return evil for good?"
"Воздаешь ли ты злом за добро?"
"do you pay with the shedding of blood?"
— Ты платишь за это пролитием крови?
"in return for the kindness that I have shown thee"
«За доброту, которую Я проявил к тебе»
And his Soul said to the young Fisherman, "Strike him"
И его Душа сказала молодому Рыбаку: "Ударь его"
and he struck him so that he swooned

и ударил его так, что тот упал в обморок
he seized the nine purses of gold
Он схватил девять кошельков с золотом
and he fled hastily through the garden of pomegranates
И он поспешно побежал через гранатовый сад
and he set his face to the star of morning
И он обратил свое лицо к утренней звезде
they escaped the city without being noticed
Они сбежали из города, оставаясь незамеченными
the young Fisherman beat his breast
молодой Рыбак бил себя в грудь
"Why didst thou bid me to slay the merchant?"
— Почему ты велел мне убить купца?
"why did you make me take his gold?"
— Почему ты заставил меня забрать его золото?
"Surely thou art evil"
«Воистину, ты злой»
But his Soul told him to be at peace
Но его Душа велела ему быть в покое
"No!" cried the young Fisherman
"Нет!" - воскликнул молодой Рыбак
"I can not be at peace with this"
«Я не могу смириться с этим»
"all that thou hast made me do I hate"
"Все, что Ты сделал для меня, я ненавижу"
"and what else I hate is you"
"а что еще я ненавижу, так это тебя"
"why have you brought me here to do these things?"
— Зачем ты привел меня сюда, чтобы делать все это?
And his Soul answered him
И его Душа ответила ему
"When you sent me into the world you gave me no heart"
«Когда Ты послал Меня в мир, Ты не дал Мне сердца»
"so I learned to do all these things"
«Так я научился делать все эти вещи»
"and I learned to love these things"

«И я научился любить это»
"What sayest thou?" murmured the young Fisherman
"Что ты скажешь?" - пробормотал молодой Рыбак
"Thou knowest," answered his Soul
— Ты знаешь, — ответила его Душа
"Have you forgotten that you gave me no heart?"
— Неужели ты забыл, что не дал мне сердца?
"don't trouble yourself for me, but be at peace"
«Не беспокойся обо мне, но будь спокоен»
"because there is no pain you shouldn't give away"
«Потому что нет такой боли, которую нельзя отдавать»
"and there is no pleasure that you should not receive"
«И нет такого наслаждения, которое вы не должны получать»
when the young Fisherman heard these words he trembled
Услышав эти слова, молодой Рыбак затрепетал
"Nay, but thou art evil"
"Нет, но ты злой"
"you have made me forget my love"
«Ты заставил меня забыть мою любовь»
"you have tempted me with temptations"
«Вы искушали Меня искушениями»
"and you have set my feet in the ways of sin"
"И Ты наставил ноги мои на пути греховные"
And his Soul answered him
И его Душа ответила ему
"you have not forgotten?"
— Ты не забыл?
"you sent me into the world with no heart"
«Ты послал меня в мир без сердца»
"Come, let us go to another city"
«Пойдемте, поедем в другой город»
"let us make merry with the gold we have"
«Повеселимся с золотом, которое у нас есть»
But the young Fisherman took the nine purses of gold
Но молодой Рыбак взял девять кошельков с золотом

he flung the purses of gold into the sand
Он швырнул кошельки с золотом в песок
and he trampled on the on the purses of gold
И он растоптал кошельки с золотом
"Nay!" he cried to his Soul
"Нет!" - воскликнул он своей Душе
"I will have nought to do with thee"
«Я не буду иметь с тобой ничего общего»
"I will not journey with thee anywhere"
«Я никуда не пойду с тобою»
"I have sent thee away before"
«Я прогнал тебя раньше»
"and I will send thee away again"
"и Я снова пропущу тебя"
"because thou hast brought me no good"
"Потому что ты не принес мне добра"
And he turned his back to the moon
И он повернулся спиной к луне
he held the little green knife in his hand
Он держал в руке маленький зеленый нож
he strove to cut from his feet the shadow of the body
Он старался срезать со своих ног тень тела
the shadow of the body, which is the body of the Soul
тень тела, которая является телом Души
Yet his Soul stirred not from him
Но его Душа не пошевелилась от него
and it paid no heed to his command
И она не обратила внимания на его повеление
"The spell the Witch told thee avails no more"
«Заклинание, которое сказала тебе ведьма, больше не действует»
"I may not leave thee anymore"
«Я не могу больше оставить тебя»
"and thou can't drive me forth"
"И ты не можешь прогнать меня"
"Once in his life may a man send his Soul away"

«Раз в жизни человек может послать свою Душу»
"but he who receives back his Soul must keep it for ever"
"но тот, кто получает обратно свою Душу, должен хранить ее навеки"
"this is his punishment and his reward"
«Вот наказание Его и награда Его»
the young Fisherman grew pale at his fate
молодой Рыбак побледнел от своей судьбы
and he clenched his hands and cried
Он сжал кулаки и заплакал
"She was a false Witch for not telling me"
«Она была лжеведьмой, потому что не сказала мне»
"Nay," answered his Soul, "she was not a false Witch"
— Нет, — ответила его Душа, — она не была лжеведьмой.
"but she was true to Him she worships"
«но она была верна Ему, поклоняется»
"and she will be his servant forever"
«И она будет рабыней Его вовеки»
the young Fisherman knew he could not get rid of his Soul again
Молодой Рыбак знал, что больше не сможет избавиться от своей Души
he knew now that his soul was an evil Soul
Теперь он знал, что его душа была злой Душой
and his Soul would abide with him always
и его Душа всегда будет пребывать с ним
when he knew this he fell upon the ground and wept
Узнав это, он упал на землю и заплакал

The Heart
Сердце

when it was day the young Fisherman rose up
Когда наступил день, молодой Рыбак встал
he told his Soul, "I will bind my hands"
он сказал своей Душе: «Я свяжу руки мои»
"that way I can not do thy bidding"
«Так я не смогу исполнить твою волю»
"and I will close my lips"
«и закрою уста мои»
"that way I can not speak thy words"
«Так я не могу говорить слов Твоих»
"and I will return to the place where my love lives"
«и я вернусь туда, где живет моя любовь»
"to the sea will I return"
«К морю возвращусь»
"I will return to where she sung to me"
«Я вернусь туда, где она пела мне»
"and I will call to her"
«И позову ее»
"I will tell her the evil I have done"
«Я расскажу ей, какое зло я сделал»
"and I will tell her the evil thou hast wrought on me"
"и я скажу ей, какое зло ты сделал мне"
his Soul tempted him, "Who is thy love?"
его Душа искушала его: «Кто твоя любовь?»
"why should thou return to her?"
— Зачем тебе возвращаться к ней?
"The world has many fairer than she is"
«В мире много людей прекраснее, чем она»
"There are the dancing-girls of Samaris"
«Есть танцовщицы Самари»
"they dance the way birds dance"
«Они танцуют так, как танцуют птицы»
"and they dance the way beasts dance"

- 87 -

«И танцуют так, как танцуют звери»
"Their feet are painted with henna"
«Их ноги накрашены хной»
"in their hands they have little copper bells"
«В руках у них медные колокольчики»
"They laugh while they dance"
«Они смеются, когда танцуют»
"their laughter is as clear as the laughter of water"
«Их смех так же чист, как смех воды»
"Come with me and I will show them to thee"
«Пойдем со мной, и я покажу их тебе»
"because why trouble yourself with things of sin?"
«Потому что зачем утруждать себя грехом?»
"Is that which is pleasant to eat not made to be eaten?"
«Разве то, что приятно есть, не создано для того, чтобы быть съеденным?»
"Is there poison in that which is sweet to drink?"
«Есть ли яд в том, что сладко пить?»
"Trouble not thyself, but come with me to another city"
«Не утруждай себя, но пойдем со мною в другой город»
"There is a little city with a garden of tulip-trees"
«Есть маленький городок с садом тюльпанов»
"in its garden there are white peacocks"
«В его саду водятся белые павлины»
"and there are peacocks that have blue breasts"
"А есть павлины, у которых голубая грудь"
"Their tails are like disks of ivory"
«Их хвосты подобны дискам из слоновой кости»
"when they spread their tails in the sun"
«когда они расправят хвосты на солнце»
"And she who feeds them dances for their pleasure"
«И та, которая кормит их, танцует для их удовольствия»
"and sometimes she dances on her hands"
«А иногда она танцует на руках»
"and at other times she dances with her feet"
«А в другое время она танцует ногами»

"Her eyes are coloured with stibium"
«Ее глаза окрашены сурьмой»
"her nostrils are shaped like the wings of a swallow"
«Ее ноздри похожи на крылья ласточки»
"and she laughs while she dances"
«И она смеется, когда танцует»
"and the silver rings on her ankles ring"
"И серебряные кольца на лодыжках у нее на лодыжках"
"Don't trouble thyself any more"
«Не утруждай себя больше»
"come with me to this city"
«Пойдем со мной в этот город»

But the young Fisherman did not answer his Soul
Но молодой Рыбак не ответил своей Душе
he closed his lips with the seal of silence
Он закрыл рот печатью молчания
and he bound his own hands with a tight cord
И связал свои руки крепкой веревкой
and he journeyed back to from where he had come
И он вернулся туда, откуда пришел
he journeyd back to the little bay
Он вернулся в Маленькую бухту
and he journeyed to where his love had sung for him
И он отправился туда, где пела для него его любовь
His Soul tried to tempt him along the way
Его Душа пыталась искушать его по пути
but he made his Soul no answer
но он не дал своей Душе ответа
and he did none of his Soul's wickedness
и он не сделал ничего из зла своей Души
so great was the power of the love that was within him
Так велика была сила любви, которая была в нем
when he reached the shore he loosened the cord
Достигнув берега, он ослабил веревку
and he took the seal of silence from his lips

И он снял печать молчания с уст своих,
he called out to the little Mermaid
— крикнул он Русалочке
But she did not answer his call for her
Но она не ответила на его зов
she did not answer, although he called all day
Она не ответила, хотя он звонил весь день
his Soul mocked the young Fisherman
его Душа насмехалась над молодым Рыбаком
"you have little joy out of thy love"
«У тебя мало радости от любви твоей»
"you are pouring water into a broken vessel"
«Вы наливаете воду в разбитый сосуд»
"you have given away what you had"
«Вы отдали то, что имели»
"but nothing has been given to you in return"
«Но взамен вам ничего не дано»
"It would be better if you came with me"
«Было бы лучше, если бы ты пошел со мной»
"because I know where the Valley of Pleasure lies"
«потому что я знаю, где находится Долина Наслаждений»
But the young Fisherman did not answer his Soul
Но молодой Рыбак не ответил своей Душе

in a cleft of the rock he built himself a house
В расщелине скалы он построил себе дом
and he abode there for the space of a year
И прожил там целый год
every morning he called to the Mermaid
каждое утро он звал Русалку
and every noon he called to her again
И каждый полдень он звал ее снова
and at night-time he spoke her name
А ночью он произносил ее имя
but she never rose out of the sea to meet him
Но она так и не вышла из моря, чтобы встретиться с ним

and he could not find her anywhere in the sea
и он не мог найти ее нигде в море
he sought for her in the caves
Он искал ее в пещерах
he sought for her in the green water
Он искал ее в зеленой воде
he sought for her in the pools of the tide
Он искал ее в бассейнах прилива
and he sought for her in the wells
Он искал ее в колодцах
the wells that are at the bottom of the deep
колодцы, которые находятся на дне глубины
his Soul didn't stop tempting him with evil
его Душа не переставала искушать его злом
and it whispered terrible things to him
И она нашептала ему страшные вещи
but his Soul could not prevail against him
но его Душа не могла одолеть его
the power of his love was too great
Сила его любви была слишком велика

after the year was over the Soul thought within itself
По прошествии года Душа думала сама в себе
"I have tempted my master with evil"
«Я искушал господина моего злом»
"but his love is stronger than I am"
«но его любовь сильнее меня»
"I will tempt him now with good"
«Теперь я искушу его добром»
"it may be that he will come with me"
«Может быть, он пойдет со мной»
So he spoke to the young Fisherman
И он заговорил с молодым Рыбаком
"I have told thee of the joy of the world"
«Я возвестил тебе о радости мира»
"and thou hast turned a deaf ear to me"

"И ты не слушал меня"
"allow me to tell thee of the world's pain"
«Позволь мне рассказать тебе о боли мира»
"and it may be that you will listen"
«И, может быть, вы будете слушать»
"because pain is the Lord of this world"
«потому что боль есть Господь мира сего»
"and there is no one who escapes from its net"
«И нет никого, кто бы вырвался из сети его»
"There be some who lack raiment"
«Есть недостающие одежды»
"and there are others who lack bread"
«А есть и другие, которым не хватает хлеба»
"There are widows who sit in purple"
«Есть вдовы, которые сидят в пурпуре»
"and there are widows who sit in rags"
"И есть вдовы, которые сидят в лохмотьях"
"The beggars go up and down on the roads"
«Нищие ходят вверх и вниз по дорогам»
"and the pockets of the beggars are empty"
"И карманы нищих пусты"
"Through the streets of the cities walks famine"
«По улицам городов ходит голод»
"and the plague sits at their gates"
«И чума сидит у ворот их»
"Come, let us go forth and mend these things"
«Пойдем, пойдем и исправим это»
"let us make these things be different"
«Давайте сделаем так, чтобы эти вещи были другими»
"why should you wait here calling to thy love?"
— Зачем тебе ждать здесь, взывая к твоей любви?
"she will not come to your call"
«Она не придет на твой зов»
"And what is love?"
— А что такое любовь?
"And why do you value it so highly?"

— И почему ты так высоко ценишь его?
But the young Fisherman didn't answer his Soul
Но юный Рыбак не ответил своей Душе
so great was the power of his love
Так велика была сила его любви
And every morning he called to the Mermaid
И каждое утро он звал Русалку
and every noon he called to her again
И каждый полдень он звал ее снова
and at night-time he spoke her name
А ночью он произносил ее имя
Yet never did she rise out of the sea to meet him
Но она так и не поднялась из моря, чтобы встретиться с ним
nor in any place of the sea could he find her
и ни в одном месте моря он не мог найти ее
though he sought for her in the rivers of the sea
хотя он искал ее в реках морских,
and in the valleys that are under the waves
и в долинах, что под волнами,
in the sea that the night makes purple
в море, которое ночь делает пурпурным
and in the sea that the dawn leaves grey
И в море, что рассвет оставляет серым,

after the second year was over
После окончания второго года
the Soul spoke to the young Fisherman at night-time
Душа говорила с молодым Рыбаком ночью
while he sat in the wattled house alone
в то время как он сидел в плетеном доме один
"I have tempted thee with evil"
«Я искушал тебя злом»
"and I have tempted thee with good"
"и Я искушал тебя добром"
"and thy love is stronger than I am"

"и любовь твоя сильнее меня"
"I will tempt thee no longer"
«Не буду искушать тебя более»
"but please, allow me to enter thy heart"
«Но, пожалуйста, позволь мне войти в твое сердце»
"so that I may be one with thee, as before"
"Чтобы Я был един с Тобою, как прежде"
"thou mayest enter," said the young Fisherman
— Ты можешь войти, — сказал молодой Рыбак
"because when you had no heart you must have suffered"
«Потому что, когда у вас не было сердца, вы должны были страдать»
"Alas!" cried his Soul
"Увы!" - воскликнула его Душа
"I can find no place of entrance"
«Я не могу найти входа»
"so compassed about with love is this heart of thine"
"Так окружено любовью сердце твое"
"I wish that I could help thee," said the young Fisherman
— Я хотел бы помочь тебе, — сказал молодой Рыбак
while he spoke there came a great cry of mourning from the sea
Пока он говорил, с моря раздался громкий плачевный крик
the cry that men hear when one of the Sea-folk is dead
крик, который слышат люди, когда кто-то из Морского Народа умирает
the young Fisherman leapt up and left his house
Молодой Рыбак вскочил и вышел из дома
and he ran down to the shore
И он побежал к берегу
the black waves came hurrying to the shore
Черные волны спешили к берегу
the waves carried a burden that was whiter than silver
Волны несли бремя, которое было белее серебра
it was as white as the surf

Он был белым, как прибой
and it tossed on the waves like a flower
И он швырялся на волнах, как цветок
And the surf took it from the waves
И прибой забрал его у волн
and the foam took it from the surf
и пена забрала его у прибоя
and the shore received it
И берег принял его
lying at his feet was the body of the little Mermaid
У его ног лежало тело Русалочки
She was lying dead at his feet
Она лежала мертвая у его ног
he flung himself beside her, and wept
Он бросился к ней и заплакал
he kissed the cold red of her mouth
Он поцеловал ее в холодные красные губы
and he stroked the wet amber of her hair
И он погладил влажный янтарь ее волос
he wept like someone trembling with joy
Он плакал, как дрожащий от радости
in his brown arms he held her to his breast
В своих коричневых руках он прижал ее к груди
Cold were the lips, yet he kissed them
Похолодели губы, но он поцеловал их
salty was the honey of her hair
Соленым был мед ее волос
yet he tasted it with a bitter joy
И все же он вкусил его с горькой радостью
He kissed her closed eyelids
Он поцеловал ее закрытые веки
the wild spray that lay upon her was less salty than his tears
Дикие брызги, которые легли на нее, были менее
солеными, чем его слезы
to the dead little mermaid he made a confession
Мертвой русалочке он признался

Into the shells of her ears he poured the harsh wine of his tale
В раковины ее ушей он влил крепкое вино своей сказки
He put the little hands round his neck
Он обвил шею маленькими ручонками
and with his fingers he touched the thin reed of her throat
и пальцами коснулся тонкой тростинки ее горла
his joy was bitter and deep
Его радость была горькой и глубокой
and his pain was full of a strange gladness
И боль его была полна странной радости
The black sea came nearer
Черное море приближалось
and the white foam moaned like a leper
и белая пена стонала, как прокаженная
the sea grabbed at the shore with its white claws of foam
Море вцепилось в берег своими белыми когтями пены
From the palace of the Sea-King came the cry of mourning again
Из дворца Морского Царя снова донесся плач
far out upon the sea the great Tritons could be heard
далеко в море слышались великие Тритоны
they blew hoarsely upon their horns
Они хрипло трубили в рога
"Flee away," said his Soul
— Беги, — сказала его Душа
"if the sea comes nearer it will slay thee"
«Если море приблизится, оно убьет тебя»
"please, let us leave, for I am afraid"
«Пожалуйста, отпустите, потому что я боюсь»
"because thy heart is closed against me"
«Потому что сердце твое закрыто от Меня»
"out of the greatness of thy love I beg you
«От величия любви Твоей умоляю Тебя
"flee away to a place of safety"
«Бегите в безопасное место»

"Surely you would not do this to me again?"
— Неужели ты больше не сделаешь этого со мной?
"do not send me into another world without a heart"
«Не посылай меня в мир иной без сердца»
the young Fisherman did not listen to his Soul
молодой Рыбак не слушал свою Душу
but he spole to the little Mermaid
но он побежал к Русалочке
and he said, "Love is better than wisdom"
Он сказал: «Любовь лучше мудрости»
"love is more precious than riches"
«Любовь дороже богатства»
"love fairer than the feet of the daughters of men"
«Любовь прекраснее ног дочерей человеческих»
"The fires of the world cannot destroy love"
«Пламя мира не может уничтожить любовь»
"the waters of the sea cannot quench love"
«Воды моря не могут угасить любовь»
"I called on thee at dawn"
«Я воззвал к тебе на рассвете»
"and thou didst not come to my call"
"И ты не пришел на зов Мой"
"The moon heard thy name"
«Луна услышала имя твое»
"but the moon didn't answer me"
«Но луна мне не ответила»
"I left thee in order to do evil"
«Я оставил тебя, чтобы творить зло»
"and I have suffered for what I've done"
«И я пострадал за то, что сделал»
"but my love for you has never left me"
«Но моя любовь к тебе никогда не покидала меня»
"and my love was always strong"
«И моя любовь всегда была сильна»
"nothing prevailed against my love"
«Ничто не одолело мою любовь»

"though I have looked upon evil"
«Хотя я и смотрел на зло»
"and I have looked upon good"
"И я взглянул на добро"
"now that thou are dead, I will also die with thee"
"теперь, когда ты умер, и я умру с тобою"
his Soul begged him to depart
его Душа умоляла его уйти
but he would not leave, so great was his love
Но он не хотел уходить, так велика была его любовь
the sea came nearer to the shore
Море подошло ближе к берегу
and the sea sought to cover him with its waves
И море стремилось накрыть его своими волнами
the young Fisherman knew that the end was at hand
Молодой Рыбак знал, что конец близок
he kissed the cold lips of the Mermaid
он поцеловал холодные губы Русалки
and the heart that was within him broke
И сердце, которое было в нем, разбилось
from the fullness of his love his heart did break
От полноты любви его сердце разрывалось
the Soul found an entrance, and entered his heart
Душа нашла вход и вошла в его сердце
his Soul was one with him, just like before
его Душа была едина с ним, как и раньше
And the sea covered the young Fisherman with its waves
И море накрыло своими волнами юного Рыбака

Blessings
Благословения

in the morning the Priest went forth to bless the sea
Поутру священник вышел благословлять море
because the Priest had been troubled that night
потому что в ту ночь священник был встревожен
the monks and the musicians went with him
Монахи и музыканты пошли с ним
and the candle-bearers came with the Priest too
и свеченосцы тоже пришли со священником
and the swingers of censers came with the Priest
и кадильницы пришли со священником
and a great company of people followed him
За ним последовало множество народа
when the Priest reached the shore he saw the young Fisherman
Когда священник подошел к берегу, он увидел молодого Рыбака
he was lying drowned in the surf
Он лежал, утонув в прибое
clasped in his arms was the body of the little Mermaid
В его объятиях было тело Русалочки
And the Priest drew back frowning
И жрец отпрянул, нахмурившись
he made the sign of the cross and exclaimed aloud:
Он осенил себя крестным знамением и громко воскликнул:
"I will not bless the sea, nor anything that is in it"
«Не благословлю ни моря, ни всего, что в нем»
"Accursed be the Sea-folk and those who traffic with them"
«Проклят морской народ и те, кто торгует с ним»
"And as for the young Fisherman;"
— А что касается молодого рыбака.
"he forsook God for the sake of love"
«он оставил Бога ради любви»

"and now he lays here with his lover"
«А теперь он лежит здесь со своей возлюбленной»
"he was slain by God's judgement"
«Он был убит судом Божиим»
"take up his body and the body of his lover"
«Возьми тело Его и тело возлюбленной Его»
"bury them in the corner of the Field"
«закопать их в углу Поля»
"let no mark of why they were be set above them"
«Да не будет знака, почему они были поставлены выше них»
"don't give them any sign of any kind"
«Не подавайте им никаких знаков»
"none shall know the place of their resting"
«Никто не узнает места покоя своего»
"because they were accursed in their lives"
«Потому что они были прокляты в своей жизни»
"and they shall be accursed in their deaths"
"и они будут прокляты смертью своей"
And the people did as he commanded them
И сделал народ так, как Он повелел ему
in the corner of the field where no sweet herbs grew
в углу поля, где не росли душистые травы
they dug a deep pit for their graves
Они вырыли глубокую яму для своих могил
and they laid the dead things within the pit
и положили мертвое в яму

when the third year was over
Когда закончился третий год
on a day that was a holy day
В день, который был святым днем
the Priest went up to the chapel
Священник поднялся в часовню
he went to show the people the wounds of the Lord
он пошел, чтобы показать народу раны Господа

and he spoke to them about the wrath of God
и говорил им о гневе Божием
he bowed himself before the altar
Он поклонился алтарю
he saw the altar was covered with strange flowers
Он увидел, что алтарь был покрыт странными цветами
flowers that he had never seen before
цветы, которых он никогда раньше не видел
they were strange to look at
На них было странно смотреть
but they had an interesting kind beauty
Но у них была интересная добрая красота
their beauty troubled him in a strange way
Их красота странным образом беспокоила его
their odour was sweet in his nostrils
Их запах был сладким в его ноздрях
he felt glad, but he did not understand why
Он обрадовался, но не понимал почему
he began to speak to the people
Он начал говорить с народом
he wanted to speak to them about the wrath of God
он хотел поговорить с ними о гневе Божьем
but the beauty of the white flowers troubled him
Но красота белых цветов смущала его
and their odour was sweet in his nostrils
и благоухание их было сладко в ноздрях его
and another word came onto his lip
И еще одно слово сорвалось с его губ
he did not speak about the wrath of God
он не говорил о гневе Божьем
but he spoke of the God whose name is Love
но он говорил о Боге, имя которому Любовь
he did not know why he spoke of this
Он не знал, почему говорит об этом
when he had finished the people wept
Когда он закончил, народ заплакал

the Priest went back to the sacristy
Священник вернулся в ризницу
and his eyes too were full of tears
И глаза его тоже были полны слез
the deacons came in and began to unrobe him
Вошли дьяконы и стали раздевать его
And he stood as if he was in a dream
И он стоял, как во сне
"What are the flowers that stand on the altar?"
«Что это за цветы, которые стоят на алтаре?»
"where did they come from?"
— Откуда они взялись?
And they answered him
И они ответили ему
"What flowers they are we cannot tell"
«Что это за цветы, мы не можем сказать»
"but they come from the corner of the field"
"Но они приходят с угла поля"
the Priest trembled at what he heard
Священник содрогнулся от услышанного
and he returned to his house and prayed
И, возвратившись в дом свой, помолился

in the morning, while it was still dawn
утром, когда еще рассвело,
the priest went forth with the monks
Священник вышел с монахами
he went forth with the musicians
Он вышел с музыкантами
the candle-bearers and the swingers of censers
Свечники и кадильницы
and he had a great company of people
И у него была большая компания людей
and he came to the shore of the sea
И пришел он на берег моря
he showed them how he blessed the sea

Он показал им, как благословил море
and he blessed all the wild things that are in it
И благословил он всех диких тварей, которые в нем
he also blessed the fauns
Он также благословил фавнов
and he blessed the little things that dance in the woodland
И он благословлял маленьких существ, которые танцуют в лесу
and he blessed the bright-eyed things that peer through the leaves
И он благословилясноглазых существ, которые проглядывают сквозь листву
he blessed all the things in God's world
Он благословил все в Божьем мире
and the people were filled with joy and wonder
И народ исполнился радости и удивления
but flowers never grew again in the corner of the field
Но в углу поля больше никогда не росли цветы
and the Sea-folk never came into the bay again
и Морской Народ больше никогда не заходил в бухту
because they had gone to another part of the sea
потому что они ушли в другую часть моря

The End
Конец

www.ingramcontent.com/pod-product-compliance
Lightning Source LLC
Chambersburg PA
CBHW011952090526
44591CB00020B/2739